COMMENTAIRE

de quelques dispositions du

DÉCRET DU 27 MARS 1893

SUR LA COMPTABILITÉ DES CONSEILS PRESBYTÉRAUX

PAR

HENRI CAMBON

CONSEILLER A LA COUR DE NIMES

MEMBRE DU CONSISTOIRE DE L'ÉGLISE RÉFORMÉE DE NIMES

NIMES

LIBRAIRIE PEYROT-TINEL ET Cie

LAVAGNE-PEYROT, SUCCESSEUR

56, Boulevard Victor-Hugo, 56

1893

COMMENTAIRE

de quelques dispositions du

DÉCRET DU 27 MARS 1893

SUR LA COMPTABILITÉ DES CONSEILS PRESBYTÉRAUX

PAR

HENRI CAMBON

CONSEILLER A LA COUR DE NIMES
MEMBRE DU CONSISTOIRE DE L'EGLISE RÉFORMÉE DE NIMES

NIMES
LIBRAIRIE PEYROT-TINEL ET Cie
LAVAGNE-PEYROT, SUCCESSEUR
56, Boulevard Victor-Hugo, 56

1893

AVANT-PROPOS

Le décret du 27 mars 1893 a surpris les Conseils presbytéraux. Non qu'ils ne dussent s'attendre à voir appliquer, à un moment donné, la loi du 26 janvier 1892 ; mais, peu habitués à la pratique des matières qui y sont traitées ; il n'est pas étonnant que plusieurs des dispositions du décret aient paru obscures à quelques-uns et que des opinions diverses se soient produites sur la manière dont elles devaient être appliquées.

Peut-être est-il regrettable que les Conseils presbytéraux n'aient pas été directement consultés sur le projet de décret. Des observations auraient été produites en temps utile, qui sans en altérer les dispositions essentielles, sans nuire au résultat qu'il poursuivait, auraient pu y faire l'objet d'une disposition légale. Cette consultation préalable, aurait, en tous cas, permis aux intéressés de se livrer à une étude approfondie des questions soulevées.

Quoiqu'il en soit, les doutes que fait naître ce décret et les interprétations divergentes qu'il a suscitées, m'ont fait penser qu'il ne serait pas inutile d'en placer un commentaire abrégé sous les yeux des intéressés.

J'ai d'ailleurs constaté plusieurs fois que des hommes

intelligents, au sens droit, ayant reçu une instruction supérieure, mais l'esprit insuffisamment aiguisé ou déformé par la gymnastique juridique, se rendaient difficilement compte de la valeur des termes d'un texte de loi et des conséquences qu'on en peut tirer. J'ai donc essayé, tout en évitant les expressions techniques, d'étudier ce décret au point de vue juridique.

J'avais espéré que les instructions annoncées par la circulaire jointe au décret, rendraient ce modeste commentaire inutile ; les circulaires de l'union synodale et de la délégation libérale, et la remarquable étude de M. Armand Lods ayant éclairci déjà quelques-uns des points obscurs de la réglementation nouvelle (1). Mais les instructions annoncées n'ont point paru et le temps presse. C'est en effet avant le mois d'octobre que les Conseils presbytéraux doivent choisir leurs comptables. Ils devront se préoccuper aussitôt après de la préparation du budget.

Sur ces deux points, il m'a semblé qu'il restait encore quelque chose à dire. Il est bon d'ailleurs quelle que soit la question que l'on veuille examiner dans un texte de loi, de se pénétrer de son esprit. Pour cela un travail d'ensemble est nécessaire.

Je me suis décidé à le tenter pensant qu'il pourrait se placer à côté des publications que le décret a provoquées, et qui n'ont pas été inutiles à cette rapide étude. Mais si j'ai eu la volonté de faire un travail d'ensemble, je n'ai pas eu la prétention de le faire complet. J'ai même volontairement négligé certains détails qui m'ont paru excellemment étudiés dans les diverses

---

(1) *Il convient de signaler comme étude d'ensemble le rapport si ferme de M. E. de Clausonne au Conseil presbytéral de Nimes, où les côtés défectueux ou obscurs du décret sont signalés avec une netteté parfaite.*

publications que je rappelle, et qu'il sera toujours nécessaire de consulter.

La comptabilité des Conseils de fabrique et des communautés israélites comme celle des Conseils presbytéraux vient d'être l'objet de décrets rendus le même jour et qui contiennent des dispositions identiques ou analogues. Ces analogies pouvaient me pousser à comprendre dans cette étude, tout ce qui se rattache au régime financier de ces établissements religieux. J'ai résisté à la tentation.

Si on rencontre entre eux des analogies que l'administration a une tendance à étendre, leur composition, leurs attributions, quelques-unes des dispositions législatives spéciales à chacun d'eux présentent trop de différences, pour qu'il n'eut pas été présomptueux de ma part de vouloir les englober dans une seule étude. Plusieurs des observations faites, à propos des Conseils presbytéraux peuvent cependant s'étendre aux établissements similaires ; mais j'eusse été entraîné trop loin, et à trop d'erreurs possibles, si j'avais voulu signaler toutes les ressemblances et toutes les différences que peuvent présenter entre eux ces établissements. Je me suis donc borné à ce qui concerne spécialement les Conseils presbytéraux et les Consistoires.

Désireux de la mettre, le plus tôt possible à la portée des intéressés, j'ai entrepris cette étude trop hâtivement et je l'ai trop rapidement terminée pour ne pas craindre les erreurs. Qu'on les pardonne à ma bonne volonté, et qu'on fasse honneur à d'autres des solutions justes. Je ne saurais avoir la prétention d'en être l'unique inventeur.

Si j'étais plus sûr de la rédaction des lignes qui vont suivre, je n'aurais pas besoin d'indiquer dans quel esprit cette étude imparfaite a été suivie. Le lecteur l'en dégagerait lui-même. Mais la rapidité de l'exécution ne me permettait pas d'accorder à la forme tout le temps nécessaire et ma pensée risque d'être mal saisie.

J'ai voulu étudier au point de vue purement juridique le texte du décret et en déduire les conséquences qu'il peut comporter. Je me suis pourtant préoccupé de l'application pratique et j'ai été amené à porter, sur ce terrain, mes observations ou mes critiques, au-delà des appréciations purement grammaticales ou juridiques. Je l'ai fait, dominé à la fois par le respect du droit de l'Etat de connaître et de contrôler ce qui n'est pas du ressort de la conscience, et par le respect de l'indépendance des paroisses dans le vaste domaine de l'activité religieuse où l'action de leurs conseils élus s'exerce.

Nimes, le 15 Août 1893.

Arrêté consulaire du 19 Vendémiaire an XII.

Sur la comptabilité des communes et établissements de bienfaisance.

ART. 1er. — Les receveurs des communes et les receveurs des revenus des hôpitaux, bureaux de charité, maisons de secours et autres établissements de bienfaisance, sous quelque dénomination qu'ils soient connus, seront tenus de faire, sous leur responsabilité respective, toutes les diligences nécessaires pour la recette et la perception des dits revenus, et pour le recouvrement des legs et donations et autres ressources affectées au service de ces établissements : de faire faire, contre tous les débiteurs en retard de payer, et à la requête de l'administration à laquelle ils sont attachés, les exploits, significations, poursuites et commandements nécessaires : d'avertir les administrateurs de l'échéance des baux, d'empêcher les prescriptions, de veiller à la conservation des domaines, droits, privilèges et hypothèques, de requérir à cet effet l'inscription au bureau des hypothèques, de tous les registres qui en seront susceptibles, et de tenir registre des dites inscriptions et autres poursuites et diligences.

ART. 2. — Pour faciliter aux receveurs l'exécution des obligations qui leur sont imposées par l'article précédent, ils pourront se faire délivrer par l'Administration dont ils dépendent, une expédition en forme de tous les contrats, titres nouvels, déclarations, baux, jugements et autres actes concernant les domaines dont la perception leur est confiée, ou se faire remettre par tous dépositaires les dits titres et actes, sous leur récépissé.

ART. 3. — ....

ART. 4. — Chaque mois, les administrateurs s'assureront des diligences des receveurs, par la vérification de leurs registres.

ART. 5. — Seront au surplus, les dits receveurs, soumis aux dispositions des lois relatives aux comptables des deniers publics et à leur responsabilité.

Décret du 18 Mai 1806.

Sur les taxes à percevoir par les fabriques sur les sièges et les pompes funèbres.

—

Art. 1er. — Les églises sont ouvertes gratuitement au public ; en conséquence il est expressément défendu de rien percevoir dans les églises et à leur entrée de plus que le prix des chaises, sous quelque prétexte que ce soit.

Art. 2. — Les fabriques pourront louer des bancs et des chaises, suivant le tarif qui a été ou sera arrêté, et les chapelles de gré à gré.

Art. 3. — Le tarif du prix des chaises sera arrêté par l'Evêque et le Préfet ; et cette fixation sera toujours la même, quelles que soient les cérémonies qui auront lieu dans l'Eglise.

Art. 7. — Les fabriques feront par elles-mêmes ou feront faire par entreprise, aux enchères toutes les fournitures nécessaires au service des morts dans l'intérieur de l'Eglise, et toutes celles qui sont relatives à la pompe des convois, sans préjudice aux droits des entrepreneurs qui ont des marchés existants. — Elles dresseront, à cet effet, des tarifs et tableaux gradués par classe ; ils seront communiqués aux Conseils municipaux et aux Préfets, pour y donner leur avis, et seront soumis par notre Ministre des cultes, pour chaque ville, à notre approbation. Notre Ministre de l'Intérieur nous transmettra pareillement, à cet égard, les avis des Conseils municipaux et des Préfets.

Art. 8. — Dans les grandes villes, toutes les fabriques se réuniront pour ne former qu'une seule entreprise.

Du transport des corps.

Art. 9. — Dans les communes où il n'existe pas d'entreprise et de marché pour les sépultures, le mode du transport des corps sera réglé par les Préfets et les Conseils municipaux. Le transport des indigents sera fait gratuitement.

Art. 10. — Dans les communes populeuses, où l'éloignement des cimetières rend le transport coûteux, et où il est fait avec des voitures, les autorités municipales, de concert avec les fabriques, feront adjuger aux enchères l'entreprise de ce transport, des travaux nécessaires à l'inhumation et à l'entretien des cimetières.

Art. 11. — Le transport des morts indigents sera fait décemment et gratuitement ; tout autre transport sera assujetti à une taxe fixe. Les familles qui voudront quelque pompe, traiteront avec l'entrepreneur, suivant un tarif qui sera dressé à cet effet. — Les règlements et marchés qui fixeront cette taxe et ce tarif, seront délibérés par les Conseils municipaux, et soumis ensuite, avec l'avis du Préfet, par notre Ministre de l'Intérieur, à notre approbation.

Art. 12. — Il est interdit, dans ces règlements et marchés, d'exiger aucune surtaxe pour les présentations et stations à l'église, toute personne ayant également le droit d'y être présente.

Art. 13. — Il est défendu d'établir aucun dépositoire dans l'enceinte des villes.

Art. 14. — Les fournitures précitées dans l'article 11, dans les villes où les fabriques ne fournissent pas elles-mêmes, seront données ou en régie intéressée, ou en entreprise, à un seul régisseur ou entrepreneur. Le cahier des charges sera proposé par le Conseil municipal, d'après l'avis de l'Évêque, et arrêté définitivement par le Préfet.

Art. 15. — Les adjudications seront faites selon le mode établi par les lois et règlements pour tous les travaux publics. En cas de contestation entre les autorités civiles, les entrepreneurs et les fabriques sur les marchés existants, il y sera statué sur les rapports de nos Ministres de l'Intérieur et des Cultes. L'arrêté du Préfet de la Seine du 5 mars 1806 est approuvé.

Art. 16. — Nos Ministres de l'Intérieur et des Cultes sont chargés, chacun en ce qui le concerne, de l'exécution du présent décret.

Extraits du décret du 31 mai, 11 août 1862.

Sur la comptabilité publique.

On ne donne ci-dessous que les parties essentielles de ce décret, qui comprend plus de huit cents articles. En comparant les extraits qui en sont donnés, à quelques unes des dispositions du décret du 27 mars 1893, on s'apercevra aisément des changements importants que ce décret apporte à celui de 1862. Mais les principes subsistent. Leur exposé rendra plus facile l'intelligence du décret de 1893 et des instructions qui doivent le suivre.

On s'est attaché à extraire du décret de 1862 ce qui a trait aux fonctions de l'ordonnateur et du comptable au cours de l'exercice budgétaire.

Les développements ont paru inutiles en ce qui concerne la reddition des comptes et leur apurement qui n'auront lieu qu'au mois de mars 1895 et qui seront l'objet, d'ici là, d'une réglementation [illegible]llée.

Décret *impérial du 31 mai, 11 août 1862 portant règlement général sur la comptabilité publique.*

(Extraits)

Art. 10. — Aucun paiement ne peut être effectué qu'au véritable créancier, justifiant de ses droits, et pour l'acquittement d'un service fait... ...

Art. 14. — Les administrateurs et les ordonnateurs sont chargés de l'établissement et de la mise en recouvrement des droits et produits, ainsi que de la liquidation et de l'ordonnancement des dépenses.

Art. 15. — Les administrateurs sont responsables de l'exactitude des certifications qu'ils délivrent.

Art. 17. — Les fonctions d'administrateurs et d'ordonnateurs sont incompatibles avec celles de comptable.

Art. 25. — Toute personne, autre que le comptable qui, sans autorisation légale, se serait ingérée dans le maniement des deniers publics, est, par ce seul fait, constituée comptable, sans préjudice des poursuites prévues par l'article 258 du Code pénal, comme s'étant immiscée sans titre dans des fonctions publiques.

Les gestions occultes sont soumises aux mêmes juridictions et entraînent la même responsabilité que les gestions patentes et régulièrement décrites.

Peut, néanmoins, le juge, à défaut de justifications suffisantes, et lorsqu'aucune infidélité ne sera révélée à la charge du comptable, *suppléer par des considérations d'équité à l'insuffisance des justifications produites.*

Art. 426. — La Cour des Comptes ne peut, en aucun cas, s'attribuer la juridiction sur les ordonnateurs, ni refuser aux payeurs l'allocation des paiements par eux faits sur des ordonnances revêtues des formalités prescrites et accompagnées des pièces déterminées par les lois et règlements.

Comptabilité des établissements de bienfaisance.

Aux termes de l'article 547 du décret, la comptabilité des établissements de bienfaisance est soumise aux mêmes règles que celles de la comptabilité des communes. Voici donc parmi les règles applicables à celle-ci, celles qu'il paraît utile de citer :

Art. 487. — Les recettes et les dépenses des communes ne peuvent être faites que conformément au budget de chaque exercice ou aux autorisations extraordinaires, données par qui de droit, et dans les mêmes formes.

Art. 501. — Le Maire est chargé, sous la surveillance de l'autorité supérieure : — De la gestion des revenus ainsi que de la surveillance des établissements communaux et de la comptabilité municipale ; — De la proposition du budget et de l'ordonnancement des dépenses.

Art. 502. — Les dépenses ne peuvent être acquittées que sur les crédits ouverts à chacune d'elles, ni les crédits être employés par les Maires à d'autres dépenses.

Art. 503. — Aucune dépense ne peut être acquittée, si elle n'a été préalablement ordonnancée par le Maire sur un crédit régulièrement ouvert. Tout mandat ou ordonnance doit énoncer l'exercice et le crédit auxquels la dépense s'applique, et être accompagné, pour la constatation de la dette et la régularité du paiement, des pièces indiquées par les règlements.

Art. 504. — Les Maires demeurent chargés, sous leur responsabilité, de la remise aux ayants-droit, des mandats qu'ils délivrent sur la Caisse municipale.

Art. 505. — Le Maire peut seul délivrer des mandats ; s'il refusait d'ordonnancer une dépense régulièrement autorisée et liquide, il serait prononcé par le Préfet en Conseil de Préfecture. - L'arrêté du Préfet tiendrait lieu du mandat du Maire.

Art. 509. — Au fur et à mesure de chaque opération d'ordonnancement, il doit en être tenu écriture sur des registres ouverts dans chaque Mairie.........

Art. 520. — Les receveurs municipaux ne peuvent se refuser, ni en retarder le paiement que dans les seuls cas : — Où la somme ordonnancée ne porterait pas sur un crédit ouvert ou l'excéderait ; où les pièces produites seraient insuffisantes ou irrégulières ; — où il y aurait eu opposition dûment signifiée contre le paiement entre les mains du comptable..........

Art. 528. — Les comptes du receveur municipal sont définitivement apurés par le Conseil de Préfecture pour les communes dont les revenus ordinaires n'excèdent pas 30.000 fr.; sauf recours à la Cour des Comptes. Les comptes des receveurs des communes dont les revenus ordinaires excèdent 30.000 francs sont jugés et apurés par la dite Cour. (Loi du 18 juillet 1837, article 66.)

Décret du 27 mars 1893

portant règlement d'administration publique sur le régime financier et la comptabilité des Conseils presbytéraux.

Le Président de la République Française,

Sur le rapport du Ministre de l'Instruction publique, des beaux-arts et des cultes,

Vu la loi du 18 germinal an X (articles organiques des cultes protestants), le décret du 26 mars 1852 portant réorganisation des cultes protestants, la loi du 1er août 1879 et le décret réglementaire du 12 mars 1880 sur l'organisation de l'église de la confession d'Augsbourg.

Vu le décret du 23 prairial an XII et le décret du 18 mai 1806 (article 8).

Vu la loi municipale du 5 avril 1884, en particulier les articles 70, 136 et 164, et en ce qui concerne la ville de Paris, les lois des 18 juillet 1837 et 24 juillet 1867 maintenues en vigueur par la loi du 5 avril 1884.

Vu le décret du 31 mai 1862, portant règlement général sur la comptabilité publique.

Vu l'article 78 de la loi du 26 janvier 1892 ainsi conçu :

« A partir du 1er janvier 1893, les comptes et budgets des » fabriques et consistoires seront soumis à toutes les règles » de la comptabilité des autres établissements publics. Un » règlement d'administration publique déterminera les con- » ditions d'application de cette mesure ».

Vu l'avis du Conseil central des Eglises réformées de France,

Vu l'avis de la Commission exécutive du synode général de l'Eglise de la confession d'Augsbourg,

Le Conseil d'Etat entendu,

Décrète :

TITRE 1er.

Des Conseils presbytéraux.

CHAPITRE 1er.

Des recettes et des dépenses.

ART. 1er. — Le budget des Conseils presbytéraux est divisé en budget ordinaire et budget extraordinaire.

Art. 2. — Les recettes du budget ordinaire se composent :

1° Des revenus de tous les biens meubles et immeubles appartenant au Conseil presbytéral, ainsi que des intérêts des fonds placés au Trésor ;

2° Des sommes provenant des pompes funèbres ;

3° Des produits de la concession ou location des bancs et sièges dans les temples et lieux du culte, là où cette perception, qui demeure facultative, est ou serait établie ;

4° Des produits des quêtes, collectes et offrandes pour les frais de culte et des sommes trouvées dans les troncs placés pour le même objet ;

5° De toutes les autres ressources annuelles et permanentes.

Art. 3. — La quotité et le mode de perception des revenus mentionnés aux n°s 2 et 3 du précédent article sont déterminés par le Conseil presbytéral sous l'approbation du Consistoire.

Art. 4. — Les dépenses du budget ordinaire comprennent :

1° Les prélèvements et contributions établis par les lois sur les biens et revenus du Conseil presbytéral ;

2° L'acquittement des dettes exigibles ;

3° Les frais de culte et indemnités de déplacement des pasteurs;

4° L'entretien et le renouvellement du mobilier des temples ainsi que des objets servant au culte ;

5° Les frais de registre des actes paroissiaux et les frais relatifs aux élections ;

6° Le traitement du comptable dans le cas où il n'exerce pas gratuitement ses fonctions ;

7° Les traitements des pasteurs auxiliaires ;

8° Les suppléments éventuels de traitements à accorder aux pasteurs titulaires ou auxiliaires sur les fonds disponibles ;

9° Les traitements, gages et salaires des employés et agents subalternes ;

10° Les réparations des temples et presbytères et le logement des pasteurs dans les paroisses où il n'existe pas de presbytère ;

11° Toutes autres dépenses annuelles et permanentes.

Art. 5. — Le nombre des pasteurs auxiliaires est fixé, pour chaque paroisse où il est nécessaire d'en instituer, par arrêté du Ministre des cultes rendu sur la proposition du Conseil presbytéral et après avis du Consistoire.

Les traitements des pasteurs auxiliaires ne peuvent excéder :

A Paris 2.500 fr. par pasteur et par an.

Dans les paroisses de 1re classe.........	1.500 fr.
Dans les paroisses de 2e classe..	1.200
Dans les paroisses de 3e classe............	1.000

Art. 6. — Le budget extraordinaire comprend la recette et l'emploi des capitaux provenant de coupes extraordinaires de bois, de dons et legs, d'emprunts, d'aliénations, de remboursements et de toutes autres ressources exceptionnelles.

CHAPITRE II.

Du vote et de l'approbation du budget.

Art. 7. — Le budget de chaque Conseil presbytéral est proposé par le Président, voté par le Conseil et approuvé par le Consistoire.

Les crédits reconnus nécessaires après l'établissement du budget sont votés et autorisés dans la même forme.

Art. 8. — Le budget est présenté au Conseil presbytéral dans la deuxième quinzaine de mars. Dans la quinzaine suivante il est communiqué au Consistoire, qui statue avant le 1er mai.

A la même session sont votés des chapitres additionnels concernant l'exercice en cours.

Art. 9. — Dans le cas où pour une cause quelconque, le budget d'un Conseil presbytéral n'aurait pas été définitivement établi avant le commencement de l'exercice, les recettes et les dépenses ordinaires continuent, jusqu'à l'approbation de ce budget, à être faites conformément à celui de l'année précédente.

CHAPITRE III.

De l'ordonnancement, du recouvrement et du payement.

Art. 10. — La durée des périodes complémentaires de l'exercice s'étend jusqu'au 1er mars pour l'ordonnancement et jusqu'au 15 mars pour le recouvrement et le payement.

Art. 11. — Le Président du Conseil presbytéral est ordonnateur des dépenses.

Art. 12. — Les recettes et les dépenses s'effectuent par un comptable chargé seul et sous sa responsabilité de faire toutes diligences pour assurer la rentrée des revenus et des créances, ainsi que d'acquitter les dépenses mandatées par le Président, jusqu'à concurrence des crédits régulièremen ouverts.

Art. 13. — Les comptables des deniers des Conseils presbytéraux sont soumis aux mêmes obligations que les comptables des deniers des hospices et bureaux de bienfaisance. Les dispositions des lois, décrets et ordonnances concernant les obligations de ces receveurs et les responsabilités qui s'y rattachent, en particulier celles de l'arrêté consulaire du 19 vendémiaire an XII relatives au recouvrement des revenus et à la conservation des droits sont applicables aux comptables des Conseils presbytéraux, sous la réserve des modifications résultant du présent décret.

Art. 14. — Les offrandes pour frais de culte peuvent être reçues par le pasteur ou son délégué, moyennant la délivrance aux parties d'une quittance détachée d'un registre à souche, et à la charge de versement au comptable du Conseil presbytéral tous les mois, et plus fréquemment s'il en est ainsi décidé par le Consistoire. Ce versement est constaté par un état dressé par le pasteur et visé par le Président du Conseil presbytéral.

Le produit des quêtes faites au profit du Conseil presbytéral est, quand il n'est pas versé dans un tronc spécial, encaissé au moins une fois par mois par le comptable du Conseil presbytéral. Il est produit au comptable, à l'appui de ces encaissements, des états constatant, immédiatement après chaque quête, la reconnaissance des fonds et revêtus de la signature des quêteurs ; ces états sont certifiés sincères et véritables par le Président du Conseil presbytéral.

Le produit de la location des bancs et chaises est encaissé par le comptable du Conseil presbytéral sur le vu d'états certifiés par le Président.

Art. 15. — Le pasteur ou son délégué peut être chargé, à titre de régisseur et à charge de rapporter dans le mois au comptable du Conseil presbytéral les acquits des créanciers réels et les pièces justificatives, de payer, au moyen d'avances mises à sa disposition sur mandats du Président, les menues dépenses de la célébration du culte. La quotité de ces avances et la liste des menues dépenses seront arrêtées par les règlements prévus à l'article 38 ci-après. Le pasteur ou son délégué peut également être chargé comme intermédiaire, de payer sur émargements les traitements des pasteurs auxiliaires, les suppléments de traitement et les salaires des employés et agents subalternes.

Art. 16. — Le comptable du Conseil presbytéral est élu par ce Conseil et choisi dans son sein. Il prend le titre de trésorier du Conseil presbytéral. Lorsque le Conseil presbytéral ne trouve pas un trésorier parmi ses membres, les fonctions de comptable peuvent être confiées par le Conseil à une personne désignée en dehors de ses membres et qui prend le titre de receveur spécial. Le même receveur spécial ne peut gérer les services de plusieurs Conseils presbytéraux appartenant à des cantons différents.

A défaut de trésorier et de receveur spécial, les fonctions de comptable sont remplies par le percepteur de la réunion dans laquelle est situé le temple, et dans les villes divisées en plusieurs arrondissements de perception, par le percepteur désigné par le Ministre des finances.

Lorsque les fonctions de comptable du Conseil presbytéral sont remplies par un percepteur, sa gestion est placée sous la surveillance et la responsabilité du receveur des finances de l'arrondissement.

Dans tous les cas, les comptables des Conseils presbytéraux sont soumis aux vérifications de l'inspection générale des finances.

Art. 17. — Les Conseils presbytéraux peuvent toujours

décider que la gestion de leurs deniers qui se trouverait confiée à un percepteur sera remise à un receveur spécial. Ils peuvent de même décider que la gestion qui serait confiée à un receveur spécial ou à un percepteur sera remise à un trésorier élu dans leur sein. Les délibérations qu'ils peuvent prendre à cet effet ne sont exécutoires qu'en fin d'année ou de gestion.

Les trésoriers et receveurs spéciaux qui seraient régulièrement constitués en déficit ou déclarés en état de faillite ou de liquidation judiciaire peuvent être relevés de leurs fonctions de comptables par le Conseil presbytéral ou, à défaut, par le Ministre des cultes. Ils peuvent l'être par le Ministre des cultes pour l'une des causes ci-après :

1° Condamnation à une peine afflictive et infamante ;

2° Condamnation à une peine correctionnelle pour délits prévus par les articles 379 à 408 du code pénal ;

3° Condamnation à une peine correctionnelle d'emprisonnement ;

Et 4° S'il s'agit d'officiers publics ou ministériels, destitution par jugement ou révocation par mesure disciplinaire.

Art. 18 — L'article 18 du décret du 31 mai 1862, relatif à l'incompatibilité des fonctions de comptable avec l'exercice d'une profession, d'un commerce ou d'une industrie quelconque, n'est pas applicable aux trésoriers et aux receveurs spéciaux des Conseils presbytéraux.

Art. 19. — Lorsque le Conseil presbytéral n'a pas élu un trésorier ou n'a pas fait choix d'un receveur spécial, le Préfet assure, de concert avec le trésorier-payeur général, la remise du service au percepteur des contributions directes.

Pour l'exécution de cette disposition, les Préfets reçoivent des Consistoires, avant le 1er octobre de chaque année, l'état nominatif des trésoriers et des receveurs spéciaux appelés à assurer la gestion des deniers des Conseils presbytéraux pendant l'année suivante. Ils font appel au concours des percepteurs pour toutes les paroisses non portées sur cet état.

Art. 20. — Lorsque les fonctions de comptable sont remplies par un percepteur, les titres de recettes, les budgets, chapitres additionnels et autorisations spéciales de dépenses lui sont transmis par l'intermédiaire du Consistoire, du Préfet et du Receveur des finances.

Art. 21. — Le comptable assiste à toutes les levées de troncs, sans exception, et il en est dressé procès-verbal par le Président du Conseil presbytéral.

Quand les fonctions de comptable sont remplies par un percepteur résidant hors de la commune où est situé le temple, les levées de troncs n'ont lieu que les jours de tournée de recettes de ce comptable.

Les troncs des Conseils presbytéraux sont fermés par deux serrures ; l'une des clefs demeure entre les mains du Président du Conseil, l'autre entre les mains du comptable.

Art. 22. — La situation au 31 décembre et en fin de gestion des valeurs de caisse et de portefeuille des comptables des

Conseils presbytéraux, lorsque ces fonctions ne sont pas exercées par un percepteur, est constatée par procès-verbal du Président du Conseil presbytéral.

Le Conseil peut, à toute époque, vérifier la situation de caisse et de portefeuille du trésorier ou du receveur spécial.

Art. 23. — Lorsque les fonctions de comptable du Conseil presbytéral sont remplies par un percepteur, cet agent a droit à des remises calculées d'après les recettes ordinaires et extraordinaires réalisées pendant l'exercice et sur les bases suivantes :

Sur les premiers 5.000 fr. à raison de.....	4 f. 00	p. 100
Sur les 25.000 fr. suivants à raison de....	3 00	p. 100
Sur les 70.000 fr. suivants à raison de...	1 50	p. 100
Sur les 100.000 fr. suivants jusqu'à un million	0 66	p. 100
Au-delà de un million de francs..........	0 24	p. 100

Les remises ainsi calculées sont prélevées par le percepteur au vu de décomptes dressés par lui, certifiés exacts par le Receveur des finances et mandatés par l'ordonnateur.

Lorsque les fonctions de comptable sont confiées à un receveur spécial, les allocations que peut lui allouer le Conseil presbytéral ne sauraient être supérieures à celles auxquelles aurait droit un percepteur.

En cas de refus de mandatement des remises ou allocations prévues au précédent article, il est statué par décision exécutoire du Ministre des cultes.

Art. 24. — Les trésoriers des Conseils presbytéraux ne sont pas astreints au versement d'un cautionnement.

Les receveurs spéciaux et les percepteurs-receveurs sont astreints à fournir des cautionnements en numéraire ou en rentes sur l'Etat, fixés à trois fois le montant des émoluments prévus pour les percepteurs par l'article précédent. Le cautionnement du receveur spécial d'un Conseil presbytéral ne peut être inférieur à 100 francs.

Toutefois, lorsqu'un percepteur remplit les fonctions de comptable pour un ou plusieurs conseils presbytéraux, il n'est astreint, à ce titre, à un supplément de cautionnement, que si ce supplément, calculé conformément aux dispositions du précédent paragraphe, dépasse 1.000 francs. Dans tous les cas, le cautionnement qu'un percepteur a versé au Trésor en qualité de comptable des deniers de l'Etat, des communes et des établissements de bienfaisance, répond subsidiairement de sa gestion des deniers de Conseils presbytéraux.

Art. 25. — Les trésoriers des conseils presbytéraux et les receveurs spéciaux de ces établissements prêtent devant ces conseils, le serment professionnel des comptables publics.

Les percepteurs ne prêtent point de serment spécial lorsqu'ils sont appelés à remplir les fonctions de comptables de conseils presbytéraux.

Art. 26. — L'hypothèque légale n'est inscrite sur les biens

des comptables des deniers des conseils presbytéraux qu'en vertu de décisions spéciales du Juge de leurs comptes et seulement dans les cas de gestions occultes, condamnations à l'amende pour retards dans la présentation des comptes, malversations, débets avoués ou résultant du jugement des comptes.

Cette hypothèque est inscrite, conformément aux dispositions des articles 2121 et 2122 du Code civil sur tous les biens présents et à venir de ces comptables et sous réserve du droit du Juge des comptes de prononcer sur les demandes en réduction ou translation formées par ses justiciables.

Art. 27. — Les fonds libres des Conseils presbytéraux sont versés en compte courant au Trésor public et ils sont productifs d'intérêts dans les mêmes conditions que les fonds des établissements de bienfaisance.

Art. 28. — Les deniers des Conseils presbytéraux sont insaisissables et aucune opposition ne peut être pratiquée par leurs créanciers sur les sommes dues à ces établissements, sauf aux créanciers porteurs de titres exécutoires, à défaut de décision du Consistoire de nature à leur assurer payement, à se pourvoir devant le Ministre des cultes à fin d'inscription d'office. La décision du Ministre des cultes est communiquée au consistoire, qui règle le budget en conséquence de cette décision. Si le consistoire ne règle pas le budget dans un délai de deux mois à partir de cette communication, ou s'il ne tient pas compte de la décision du Ministre, le budget est définitivemennt réglé par décret en Conseil d'Etat. En cas de refus d'ordonnancement, il est prononcé par le Ministre des cultes et l'arrêté ministériel tient lieu de mandat.

Art. 29. — Les oppositions sur les sommes dues par les Conseils presbytéraux sont pratiqués entre les mains des comptables de ces établissements.

Art. 30. — Le Président assisté du comptable fait dresser et tenir à jour inventaire des titres, registres, papiers et documents relatifs aux biens du Conseils presbytéral, avec mention des biens contenus dans chaque titre, du revenu qu'ils produisent et des charges dont ils sont grevés.

Le Président fait aussi dresser, avec le concours du comptable, un inventaire détaillé des objets mobiliers garnissant les lieux du culte ou qui y sont déposés.

A chaque mutation de Pasteur, il est procédé au récolement de l'inventaire.

CHAPITRE IV.

Des Comptes.

Art. 31. — Les comptes des ordonnateurs et des comptables sont présentés avec la distinction des exercices et des gestions dans la même forme que les comptes des établissements de bienfaisance.

Art. 32. — Le Conseil presbytéral délibère avant le vote du budget, sur les comptes de l'ordonnateur et du comptable.

L'ordonnateur et le comptable, dans le cas où celui-ci fait partie du Conseil presbytéral, se retirent au moment du vote sur leurs comptes.

L'approbation par le Conseil presbytéral du compte de l'ordonnateur est accompagnée de la déclaration de cette assemblée qu'il n'existe à sa connaissance aucune recette du Conseil presbytéral autre que celles mentionnées au compte.

Le compte de l'ordonnateur est définitivement approuvé par le consistoire.

Art. 33. — Les comptes des comptables des conseils presbytéraux sont jugés, et apurés par les Conseils de Préfecture ou par la Cour des Comptes selon les distinctions applicables aux comptes des établissements de bienfaisance.

En cas de retard dans la présentation des comptes, il peut être pourvu à leur reddition par l'institution de commis d'office, nommés par le Préfet, mais seulement après que le retard a donné lieu à condamnation à l'amende par le Juge des comptes.

TITRE II.

De l'administration par les Consistoires des biens indivis des Conseils presbytéraux

Art. 34. — Lorsqu'il existe des biens ou droits indivis entre plusieurs Conseils presbytéraux d'une même église consistoriale, le consistoire exerce directement, quant à l'administration de ces biens et à l'établissement du budget de leurs recettes et dépenses, les attributions du Conseil presbytéral.

Art. 35. — Si l'indivision existe entre Conseils presbytéraux ressortissant à des consistoires différents, l'administration des biens et les attributions budgétaires corrélatives sont exercées par une délégation dont la composition est arrêtée par le Ministre des cultes, et qui comprend des représentants en nombre égal des corps ecclésiastiques intéressés. La délégation élit son Président qui, en cas de partage, a voix prépondérante.

Art. 36. — Les consistoires et les délégations prévus par l'article précédent sont soumis aux dispositions du titre 1er du présent décret. Toutefois, si les conseils presbytéraux propriétaires par indivis appartiennent à des départements différents, les comptes de gestion des comptables sont jugés par la Cour des Comptes, quel que soit le montant des revenus.

TITRE III.

Dispositions spéciales à la confession d'Augsbourg.

Art. 37. — Les dispositions du présent décret sont applicables aux Conseils presbytéraux de l'église de la confession d'Augsbourg, sous la réserve suivante :

Des receveurs paroissiaux sont nommés conformément aux dispositions de l'article 10 de la loi du 1er août 1879. Dans le cas où il ne serait pas nommé de receveur paroissial, les fonctions de comptable sont remplies par le percepteur des contributions directes, selon ce qui est dit à l'article 16 ci-dessus.

Les traitements des receveurs paroissiaux sont fixés, s'il y a lieu, par le consistoire. Lorsque leurs fonctions ne sont pas gratuites, ces receveurs versent un cautionnement fixé comme il est dit à l'article 24 ci-dessus.

TITRE IV.

Dispositions diverses et transitoires.

Art. 38. — La forme des budgets et des comptes des Conseils presbytéraux, la nomenclature des pièces à produire par les comptables, et en général les mesures d'exécution du présent décret seront déterminées par des règlements arrêtés de concert par les Ministres des cultes et des finances.

Les nomenclatures des pièces justificatives actuellement en vigueur pour le service des établissements municipaux de bienfaisance, seront provisoirement applicables à la comptabilité des Conseils presbytéraux jusqu'à la promulgation des règlements prévus au précédent paragraphe.

Il sera statué par une décision concertée des Ministres des cultes et des finances sur la fixation provisoire des cautionnements.

Art. 39. — Les dispositions du présent décret sont applicables aux budgets délibérés par les Conseils presbytéraux en 1893 et aux comptes-rendus pour l'exécution de ces budgets.

ART. 40. — Un décret spécial déterminera les conditions dans lesquelles le présent décret sera rendu applicable à l'Algérie.

ART. 41. — Sont et demeurent abrogées toutes les dispositions contraires à celles du présent décret.

ART. 42. — Le Ministre des cultes et le Ministre des finances sont chargés, chacun en ce qui le concerne, de l'exécution du présent décret, qui sera inséré au *Bulletin des Lois* et publié au *Journal Officiel.*

Fait à Paris, le 27 mars 1893.

CARNOT.

Par le Président de la République.

Le Ministre de l'instruction publique des beaux-arts et des cultes,

Ch. DUPUY.

Le Ministre des finances,

P. TIRARD.

CIRCULAIRE DU MINISTRE DES CULTES SUR L'APPLICATION DU DÉCRET PRÉCÉDENT.

Paris, le 3 avril 1893.

Monsieur le Président,

Le *Journal Officiel* du 28 mars dernier a publié le règlement prévu par la loi de finances du 26 janvier 1892, pour l'application aux Conseils presbytéraux et consistoires des règles de la comptabilité des autres établissements publics.

J'ai l'honneur de vous notifier ci-joint ce règlement.

Aux termes de l'article 39, les dispositions nouvelles sont applicables aux budgets délibérés par les Conseils presbytéraux en 1893 et aux comptes rendus pour l'exécution de ces budgets.

D'autre part, l'article 8 prescrit que les budgets doivent être votés dans la deuxième quinzaine de mars. C'est également à la même époque qu'il est statué sur le compte de l'exercice précédent (article 32).

Le budget de 1894 (établi en 1893) est donc le premier qui sera soumis au décret ci-joint, de même que le compte qui sera rendu pour l'exécution de ce budget sera le premier auquel les nouvelles dispositions seront applicables.

L'exécution du budget de 1894 ne devra commencer que le 1er janvier prochain, et le compte de cet exercice ne devant, aux termes de l'article 32 sus-indiqué, être rendu que dans la deuxième quinzaine de mars 1895, j'aurai l'honneur de vous adresser en temps utile, la forme de ce compte, ainsi que la nomenclature des pièces à produire par les comptables, conformément aux prescriptions de l'article 38. Mais en ce qui concerne le budget, il importe de déterminer, dès maintenant, les règles d'après lesquelles il devra être établi.

Tout d'abord, il est évident que pour cette année la disposition de l'article 8, aux termes de laquelle le budget doit être voté dans la *deuxième quinzaine de mars*, ne pourra pas être appliquée strictement. Mais je vous prie de vouloir bien, pour assurer cette application, dans la mesure du possible, provoquer dans le plus bref délai une réunion des Conseils presbytéraux, de manière que les budgets puissent être votés assez tôt pour être communiqués aux Conseils municipaux dans leur prochaine session par application de l'article 70, § 5 de la loi du 5 avril 1884.

DIVISION DU BUDGET

Aux termes de l'article 1er du décret du 27 mars 1893, le budget des Conseils presbytéraux se divise en budget ordinaire et budget extraordinaire.

BUDGET ORDINAIRE. — RECETTES

Les recettes du budget ordinaire sont énumérées à l'article II. *Mais cette énumération n'est pas limitative* et il convient d'ajouter toutes les autres ressources qui, comme un prélèvement sur les ressources extraordinaires par exemple, peuvent, à un moment donné, concourir à l'équilibre du budget ordinaire.

DÉPENSES.

En ce qui concerne les dépenses, elles font l'objet de l'article III ; *mais ici encore on peut prévoir des articles supplémentaires*, tels par exemple, que les emprunts que le Conseil presbytéral peut être autorisé à contracter.

En effet, les emprunts des Conseils presbytéraux, contrairement à ce qui a lieu pour les autres établissements publics, n'étant jamais gagés que sur les ressources ordinaires, leur remboursement doit figurer en annuités aux dépenses du budget ordinaire.

Il est bien entendu qu'il ne saurait être question que d'emprunts régulièrement autorisés par décret en Conseil d'Etat, tout autre ne pouvant entrer en ligne de compte et devant être absolument rejeté.

Vous remarquerez que sous le no 6 est prévu un article spécial relatif au *traitement* qui, aux termes de l'article 23, doit ou peut être alloué au *comptable* du Conseil presbytéral.

BUDGET EXTRAORDINAIRE.

Le budget extraordinaire, aux termes de l'article VI du décret, comprend la recette et l'emploi des capitaux provenant de coupes extraordinaires de bois, de dons et legs, *d'emprunts*, d'aliénations, de remboursements et de toutes autres ressources exceptionnelles.

RÉCAPITULATION. — BALANCE.

Chacun de ces deux budget doit se terminer par une récapitulation des recettes et des dépenses.

L'ensemble des opérations doit être résumé dans un tableau récapitulatif des recettes et des dépenses, tant du budget ordinaire que du budget extraordinaire, donnant ainsi la balance générale.

ENVOI D'UN MODÈLE

Dans le but de faciliter cette première application du règlement du 27 mars 1893 et pour permettre l'établissement immédiat du budget de 1894 d'après les règles qu'il édicte, j'ai fait dresser un cadre de budget dont vous trouverez ci-joint un certain nombre d'exemplaires.

L'adoption de ce cadre, ainsi que les règles édictées au décret du 27 mars, aura pour résultat de combler une lacune signalée souvent dans notre législation ou la comptabilité des Eglises Protestantes n'était l'objet d'aucune réglementation ayant un caractère légalement obligatoire.

Elle permettra, je n'en doute pas, d'éviter dans la plupart des cas les conflits qui s'élèvent avec les Municipalités au sujet des subventions communales que les églises peuvent être appelées à réclamer.

Aux termes de la loi municipale du 5 avril 1884 (article 136 nos 11 et 12), les communes ne peuvent plus être contraintes de venir en aide aux Conseils presbytéraux, comme aux autres établissements préposés aux divers cultes reconnus, que dans deux cas bien déterminés :

1o Pour l'indemnité de logement du pasteur (quand il n'y a pas de presbytère).

2o Pour les grosses réparations aux temples et presbytères (quand ces édifices sont la propriété de la commune).

Mais ce n'est que lorsque les Conseils presbytéraux ont justifié de l'emploi de toutes leurs ressources que des inscriptions d'office peuvent être ainsi faites aux budgets communaux.

Vous remarquerez à ce sujet que l'article II du décret du 27 mars 1893, en comprenant au nombre des recettes des Conseils presbytéraux, non seulement le produit des pompes funèbres (article II § 2), mais encore ceux de la *concession ou location des bancs et sièges* dans les temples, *déclare que ce produit demeure facultatif.*

Il a paru en effet nécessaire de prévoir le cas où des Conseils presbytéraux, croiraient devoir négliger cette source de recettes.

Toutefois, conformément à la jurisprudence constamment suivie depuis 1884 par le Ministre de l'Intérieur et par mon administration, les *Conseils presbytéraux qui se prévaudraient de cette faculté, seraient difficilement admis à arguer de l'insuffisance de leurs ressources pour exiger le concours financier des communes dans les cas précités prévus* par la loi du 5 avril 1884.

De même, c'est seulement sur leurs fonds disponibles et

après acquittement des dépenses pour lesquelles le concours des communes peut être réclamé, que les Conseils presbytéraux peuvent user de la faculté qui leur *est reconnue par le nouveau règlement, d'allouer des suppléments* de traitement aux Pasteurs déjà rétribués par l'État (article IV, § 8).

J'ai tenu, Monsieur le Président, en raison de la nécessité qui s'impose d'établir le plus promptement possible le budget de 1894, à *n'accompagner pour le moment, que de ces seules observations,* l'envoi que j'ai l'honneur de vous faire du nouveau règlement de la comptabilité des Conseils presbytéraux.

Le budget de 1894 doit en effet être établi dans des conditions de régularité qui permettent facilement la constitution du compte et de son apurement.

C'est la seule opération qui s'impose actuellement aux Conseils presbytéraux.

CHOIX D'UN COMPTABLE

Peut-être cependant serait-il bon que, dès maintenant, ces assemblées se préoccupassent du choix qu'elles auront à faire d'un comptable, d'après l'un des modes mis à leur disposition par l'article 16 du décret du 27 mars 1893, et qu'aux termes de l'article 19. § 2 du même décret, vous aurez à notifier à l'autorité préfectorale, avant le 1er octobre prochain.

Au cas où des explications complémentaires vous seraient nécessaires, je me tiens à votre disposition.

Mais dès maintenant, la lecture des observations qui précèdent, comme celle du décret du 27 mars lui-même, vous permettra d'apprécier l'esprit dans lequel a été conçue la nouvelle règlementation. Je ne doute pas Monsieur le Président, que votre concours ne soit acquis à mon administration pour l'application d'une mesure qui, dans la pensée du législateur et du Gouvernement, doit avoir pour résultat, *sans porter atteinte aux traditions et coutumes* des divers cultes reconnus par l'Etat et à la législation spéciale qui les régit, d'apporter dans la comptabilité des établissements préposés à l'exercice de ces cultes une régularité et une précision dont les corps élus qui les représentent, ont eux-mêmes souvent regretté l'absence.

Agréez, Monsieur le Président, l'assurance de ma haute considération.

Le Ministre de l'Instruction publique, des beaux-arts et des cultes.

Ch. DUPUY.

Notions préliminaires.

Avant de passer à l'examen détaillé du texte du décret du 27 mars 1893, il a paru utile de le faire précéder de la définition de quelques termes, empruntée autant que possible au décret de 1862 et qui rendront plus facile à saisir le mécanisme des opérations exigées par le nouveau décret :

Le *budget* est l'acte par lequel sont prévues et autorisées les recettes et les dépenses annuelles. — Il est l'œuvre de l'assemblée qui le vote. Après ce vote, elle n'a pas à agir jusqu'à la reddition des comptes par l'ordonnateur et le comptable : — impulsion — surveillance — contrôle, voilà son mandat nettement limité.

Le budget voté, le *comptable* ne peut agir que sur les ordres de l'*ordonnateur*. Celui-ci, met le comptable à même d'encaisser les recettes, par la délivrance des titres de perception et ordonnance les dépenses, par l'apposition de sa signature sur les mandats de paiement.

L'ordonnateur ne peut, en aucun cas, sauf les exceptions portées au décret de 1893, avoir le maniement des fonds — s'il recevait ou payait en dehors des cas prévus, il se rendrait coupable de gestion occulte (V. D. 1862).

Les dépenses et les recettes portées au budget, sont effectuées par le comptable dans une période de temps appelée *exercice* par rapport à l'exécution des services du budget : — et *gestion* par rapport aux actes du comptable.

Le comptable ne fait qu'exécuter les ordres de l'assemblée formulés par le budget, et les ordres de l'ordonnateur formulés par des pièces diverses. Le concours successif de ces deux autorités lui est nécessaire : mais lui suffit.

L'exercice terminé, le rôle de l'assemblée qui a voté le budget, recommence, l'ordonnateur et le comptable lui rendent séparément leurs comptes. Le compte rendu de l'ordonnateur s'appelle *compte administratif ou compte moral* ; celui du comptable, *compte de gestion.*

L'assemblée approuve ou désapprouve les comptes et le cycle des opérations financières est clos pour elle.

Il reste au comptable à faire apurer ses comptes par le Conseil de préfecture ou la Cour des Comptes. Ces juridictions les examinent au point de vue de la légalité des opérations. Si les opérations sont trouvées régulières il est donné décharge — si quelque irrégularité est trouvée il est sursis à décharge et il est fait au comptable *injonction* de réparer l'irrégularité qui consiste le plus souvent dans l'omission de produire telle ou telle pièce.

Le comptable obéit suivant les cas et dans la mesure du possible aux *injonctions*, fournit ses explications, et décharge lui est accordée.

COMMENTAIRE
du décret du 27 mars 1893.

La première opération dont les Conseils presbytéraux auront à se préoccuper, c'est la préparation et le vote du budget. Que doit comprendre celui-ci ? Le texte du décret va répondre.

Art. 2. — *Les recettes du budget ordinaire se composent :*

1° Des revenus de tous les biens meubles et immeubles appartenant au Conseil presbytéral, ainsi que des fonds placés au trésor.

Ce texte paraît fort clair. On s'est demandé cependant si le mot « *tous* » doit être interprété dans ce sens qu'on doive faire figurer sous cette rubrique des revenus dont l'emploi n'aurait pas pour objet le culte proprement dit, où les dépenses qui s'y rattachent.

La question ne pourra se poser que dans les cas où le Conseil presbytéral aurait à sa disposition, à un titre quelconque des ressources affectées à une autre destination que le culte matériel et les divers détails prévus au budget.

Il peut exister, en effet, des fondations pieuses destinées à entretenir ou à subventionner des établissements divers : crèches, orphelinats, institutions pour l'instruction religieuse etc., etc., ou à venir en aide à diverses catégories de personnes ; boursiers des facultés de théologie, anciens pasteurs etc., etc., et dont les fonds, de par la tradition ou la volonté des donateurs sont entre les mains et sous la direction du Conseil presbytéral, et ce, le plus souvent, en vertu de legs ou de donations qu'il aura été autorisé, par le gouvernement, à accepter, dans les conditions imposées par les donateurs.

Il a semblé à quelques personnes, que la mention de ces ressources spéciales ne devait pas avoir lieu, parce que les indications du décret, aussi bien que les doctrines de l'Administration au sujet des Conseils presbytéraux, restreignent leur action à ce qui concerne le culte. Il n'y aurait donc lieu, d'après cette opinion, de mentionner que ce qui est relatif au culte. Tout ce qui est en dehors, ne devrait pas, et cela, dans l'esprit même du décret, y être compris. Cette manière de voir a été adoptée par la délégation libérale, en ce qui concerne les charités, elle peut, sur ce point, s'étayer sur l'omission évidemment volontaire dans le texte du décret de tout ce qui est étranger au service et à l'Administration pour ainsi dire matérielle du culte.

Mais cette thèse, étendue aux revenus des biens meubles et immeubles ne paraît pas fondée.

Il se peut d'ailleurs qu'un Conseil presbytéral possède toute une catégorie de revenus dont l'emploi se partage en certaines proportions entre divers ordres de dépenses ; les unes directement afférentes au culte proprement dit, d'autres s'y rattachant d'une manière indirecte, d'autres qui, quoique imposées par une pensée religieuse, s'appliquent à des œuvres dont le caractère religieux n'apparaît pas au premier aspect.

Supposons par exemple un immeuble possédé régulièrement par un Conseil presbytéral et dont les revenus, soit en vertu d'une tradition ancienne que la circulaire explicative du décret déclare vouloir respecter, soit en vertu même du titre d'acquisition de l'immeuble (approuvée par le gouvernement) doivent se diviser en diverses catégories de dépenses, par exemple : frais de culte, instruction religieuse, secours ou subventions à diverses œuvres ; comment devrait-on porter ces revenus au budget. Pourrait-on n'y faire figurer que la part de ces revenus destinés au culte ? Le texte du décret ne paraît pas permettre cette manière de procéder, qui exciterait et justifierait dans une certaine mesure les soupçons sur la sincérité du budget.

Il conviendra donc de porter *tous les revenus des biens* meubles et immeubles, et à faire ensuite dans leur application aux dépenses, les distinctions nécessaires.

Cette manière loyale et légale de procéder peut présenter un grave inconvénient dont la crainte a pu influer sur l'esprit de ceux qui ne partagent pas l'opinion que nous venons d'exprimer. Ainsi, par exemple : un Conseil presbytéral possède un immeuble dans les conditions indiquées ci-dessus et en affecte les revenus aux diverses destinations qui lui ont été imposées. Puis, ses ressources étant insuffisantes, pour pourvoir au logement du pasteur ou aux grosses réparations du temple, il demande au Conseil municipal de combler le déficit, en vertu de l'article 136 de la loi du 5 avril 1884. Ne peut-il pas se faire que le Conseil municipal ne se croie pas tenu de faire droit à cette demande, si, par une interprétation erronée, à mon avis, de la loi, il estime que les ressources du Conseil presbytéral destinées par lui à d'autres emplois, seraient suffisantes, pour équilibrer le budget, si elles étaient appliquées aux articles pour lesquels on lui demande une subvention. Ne peut-il pas se faire aussi que l'administration supérieure suive cette manière de voir.

Cet inconvénient a pu paraître à redouter à cause des tendances et des doctrines de la jurisprudence administrative en ces matières.

Le Conseil d'Etat a émis, en effet, l'avis que les Conseils presbytéraux n'ayant été institués qu'en vue du culte n'étaient aptes à recevoir aucune libéralité applicable au soulagement des pauvres ou aux écoles.

Sans doute ses avis ne vont pas jusqu'à interdire la distribution de fonds déjà acquis aux pauvres ou aux écoles, ils n'ont été émis qu'au sujet de legs pour lesquels le gouvernement a le droit absolu de refuser l'autorisation d'accepter, sans avoir à donner de motifs ; mais la doctrine sur laquelle s'appuient ses décisions a pu paraître redoutable pour les coutumes et les obligations les plus anciennes et les plus respectables des Conseils presbytéraux.

Quand même le Conseil d'Etat ne modifierait pas sa jurisprudence ; il suffirait qu'il la maintint dans les limites où il l'a appliquée jusqu'à ce jour, pour que le danger qui vient d'être signalé fut, dans une certaine mesure, écarté.

Il semble d'ailleurs que sa jurisprudence est orientée dans ce sens. Cette haute assemblée a, en effet, émis l'avis :

« *Que la loi du 30 octobre 1886 ne s'oppose pas à ce* « *que l'obligation de subventionner une école privée,* « *imposée à des établissements publics de bienfaisance,* « *comme condition de libéralités dont l'acceptation a* « *été régulièrement autorisée antérieurement à cette* « *loi, continue de recevoir son exécution.* » (Avis du 2 mars 1893).

Bien que cet avis émis peu de temps avant notre décret, soit intervenu dans une autre espèce, on saisit aisément l'importance du principe qu'il pose, importance d'autant plus grande que notre décret rendu quelques semaines après, ne contient aucune disposition contraire.

« Il résulte de cet avis, dit M. Ar[illegible]d Lods, que les

« charges et conditions sous lesquelles ont été acceptés « les dons et legs régulièrement autorisés doivent être « respectées. Par conséquent les Conseils presbyté-« raux, seuls soumis aux règles de la comptabilité « édictée par le décret du 27 mars 1893 peuvent conti-« nuer à faire figurer à leurs budgets les libéralités « autorisées par décret ou par arrêté préfectoral, soit « au profit des pauvres, soit pour les écoles. Ils seront « inscrits aux recettes sous le paragraphe 7, avec la « date de l'autorisation à la colonne des observations « et sous le paragraphe 14 des dépenses. »

Il semble donc que si le Conseil municipal voulait prendre texte de la mention au budget, des recettes dont s'agit, pour refuser un subside au Conseil presbytéral, et s'il était appuyé par l'administration, le Conseil presbytéral pourrait s'adresser avec confiance au Conseil d'Etat, juge suprême en la matière.

Mais on ne peut pas toujours recourir au Conseil d'Etat. Les modes de se pourvoir contre les décisions de l'administration active ne sont pas réglés d'une manière tellement nette et précise qu'il soit facile de recourir contre elle. Ses multiples agents collectifs ou individuels seront-ils moins à l'abri des divergences d'opinion, des diversités et des changements de doctrine, des variations de jurisprudence que les juridictions normales des tribunaux ordinaires administratifs ou judiciaires? Les craintes qui viennent d'être mentionnées peuvent paraître justifiées. Elles ne sont pas un motif suffisant pour ne pas se conformer à un texte qui nous paraît fort explicite.

On peut d'ailleurs, pour calmer ces craintes, répondre aux partisans des doctrines exagérées qu'on redoute ; qu'il résulte du texte et de l'esprit du décret de Germinal an X, qui a déclaré vouloir le maintien, et, par conséquent, le fonctionnement de l'ancienne discipline, que la loi a voulu assurer aux Conseils presbytéraux, seuls organes par lesquels l'Eglise réformée puisse agir, la liberté de son activité religieuse. Or la vie religieuse assurée aux églises protestantes, et par le décret de Germinal et par les principes mêmes de toutes les Constitutions qui ont régi la France depuis un siècle, ne se compose pas seulement de quelques cérémonies extérieures, et, vouloir la borner à la matérialité du culte, serait la rendre impossible. On ne comprendrait pas, par exemple, qu'un Conseil presbytéral pût dépenser des milliers de francs pour l'orgue ou le mobilier du temple et qu'il ne pût pas donner un livre à un élève de ses cours religieux, un secours à une veuve de pasteurs, etc... Conclusion : On doit porter en recette au budget *tous les revenus des biens meubles et immeubles* et cette mention ne fait pas obstacle, à ce qu'on applique telle ou telle portion de ces revenus à des dépenses autres que celles du culte, ainsi qu'il sera expliqué dans le commentaire de l'article 4. Mais si l'on doit porter en recette *tous les revenus des biens meubles et immeubles* appartenant au Conseil presbytéral, on ne doit pas y porter ceux des biens dont le Conseil presbytéral n'aurait que la surveillance ou l'administration et dont il ne serait pas propriétaire en vertu d'un titre régulier.

2° *Des sommes provenant des pompes funèbres.*

Le plus souvent, cet article devra être omis ou porter « néant ».

On sait, en effet, que généralement les funérailles protestantes ne comportent aucun émolument ni pour l'Eglise, ni pour le pasteur, dont l'assistance est, au point de vue dogmatique, purement facultative et n'a pas toujours été dans les coutumes de l'Eglise.

Quelques personnes ont pensé que, parce qu'elle n'était pas suivie de la mention que cette recette était facultative ; cette indication du décret avait un caractère impératif. Elle ne l'a pas et ne peut légalement l'avoir. Rendu pour l'exécution de l'art. 78 de la loi du 26 janvier 1892, le décret ne peut aller au-delà de ses prescriptions et *créer* un véritable impôt qui manquerait d'assiette, puisqu'il serait basé sur des pratiques contraires aux principes religieux d'une Eglise, principes dont les pouvoirs humains ne sont ni juges ni maîtres.

Il ne faut donc retenir cette prescription qu'avec le caractère facultatif formellement énoncé à l'alinéa suivant, et, pour lui donner sa portée pratique, ajouter ces mots qui sont certainement dans la pensée du rédacteur du décret : « dans le cas ou il en serait perçu à l'occasion des funérailles ».

Quand ces ressources n'existeront pas ; il y aura lieu d'omettre cet article au budget, ou d'inscrire en face « néant ».

Si cependant, et contrairement à l'usage général, il existait dans certaines paroisses des usages spéciaux, tels que quêtes, offrandes, drap d'honneur, concessions dans les cimetières , fournissant une source ordinaire de revenus ; il y aurait lieu d'inscrire les sommes qui pourraient en provenir à l'article « pompes funèbres ».

3° *Des produits de la concession ou location des bancs et sièges dans les temples et lieux du culte, là où cette perception,* **qui demeure facultative,** *est ou serait établie.*

Comme on l'a vu, par ce qui vient d'être dit à propos des pompes funèbres, ce dernier membre de phrase était inutile ; le décret ne pouvant créer un impôt : mais ce qui abonde ne nuit pas, et ces expressions, en révélant l'esprit du décret, confirment les observations précédentes.

On comprend difficilement, dès lors, que la circulaire explicative du décret ait pu s'exprimer ainsi «..... les Conseils presbytéraux, qui se prévaudraient de cette faculté, *seraient difficilement admis* à arguer de l'insuffisance de leurs ressources, pour exiger le concours financier des communes, dans les cas précités, prévus par la loi du 5 avril 1884 ».

Une pareille interprétation serait contraire à la volonté du décret, qui ne pouvait pas en avoir une autre que celle qu'il a exprimée.

4° . . . .

5° *De toutes les autres ressources annuelles et permanentes.*

Le décret ne pouvait tout prévoir. Les termes si compréhensifs de cet alinéa semblent bien indiquer que *toutes* les ressources annuelles et permanentes doivent être portées à cet article. Mais le mot « *toutes* » doit-il être interprété dans ce sens qu'on doive ou qu'on puisse porter à cet article des ressources dont l'emploi n'aurait pas pour objet : le culte proprement dit ou les dépenses qui s'y rattachent.

Il faut remarquer que le n° 1, de notre article ne comprend que les *revenus des biens*, et qu'il peut y avoir d'autres ressources que les *revenus des biens*. Telles sont, par exemple, les quêtes et les collectes. C'est seulement au point de vue des ressources de cette catégorie qu'il y a lieu de reprendre l'examen de la question de savoir s'il n'y a pas des ressources, qui, de par leur destination, ne doivent pas figurer aux recettes du budget; ou en d'autres termes : Si le Conseil presbytéral a la faculté de comprendre dans son budget des ressources autres que celles n[illegible]ément prévues par le décret, peut-il ne pas y comprendre celles que le décret n'a pas spécialement désignées ? Oui, en matière de charités dit la circulaire de la délégation libérale, et, si on se réfère à l'esprit du décret tel qu'il peut s'induire de son ensemble, et aux doctrines de l'Administration, quant à la limite d'action des Conseils presbytéraux on peut approuver cette opinion. Aucune des indications du décret ne se réfère en effet à des objets autres que le service matériel du culte ; mais ce serait croyons-nous une erreur d'en conclure, d'une manière absolue, ni que ces doctrines soient absolument justes ni que les indications du décret soient impérieusement limitatives en ce sens qu'on ne pourrait faire figurer au budget aucune des ressources destinées à un autre objet que le culte.

Il faut, à mon avis, conclure que les Conseils presbytéraux peuvent, à leur gré, remplir comme ils l'entendent, et suivant les conditions particulières de leurs recettes et de leurs dépenses, les lacunes voulues du n° 5 de notre article, avec cette seule restriction que toutes les recettes *analogues* à celles énumérées dans les 4 alinéas précédents, y soient nommément portées.

Cette conclusion est conforme aux explications de la circulaire sur ce point. Elle s'exprime ainsi : « Les » recettes du budget ordinaire sont énumérées à l'art. 2; » mais *cette énumération n'est pas limitative* et il » *convient* d'ajouter toutes les autres ressources qui, » comme un prélèvement sur les ressources extraor- » dinaires par exemple, peuvent à un moment donné, » concourir à l'équilibre du budget ordinaire ».

Le terme *il convient* n'a pas le caractère, d'un ordre, d'une injonction. C'est une recommandation de faire une chose à laquelle on n'est pas strictement obligé. Et quelles sont ces ressources qu'il *convient* d'ajouter ?

« celles, dit la circulaire, qui peuvent concourir à » l'équilibre du budget ordinaire ». La même recommandation ne s'appliquerait donc même pas aux ressources qui ne concouraient pas à l'équilibre du budget.

Art. 4.

Les dépenses dont cet article contient l'énumération, ont évidemment un caractère *obligatoire* pour le Conseil presbytéral, de sorte que le Conseil municipal, ne pourrait demander que telle ou telle fut supprimée pour mettre le budget en équilibre, dans le cas où une subvention lui serait demandée, pour le logement des pasteurs ou les grosses réparations. Il va de soi que ces dépenses ne peuvent être inscrites que si l'objet auquel elles sont destinées existe réellement, et que leur caractère obligatoire n'implique pas la nécessité d'en créer l'occasion, ainsi le Conseil presbytéral, n'est pas tenu d'avoir des agents subalternes ; mais s'il en a besoin, leurs gages ont un caractère *obligatoire* (1).

Voici maintenant les principales dispositions de l'article 4 :

« *Les dépenses du budget ordinaire comprennent :*

. . . .

« § 3, *les frais de culte et indemnités de déplacement* « *aux pasteurs.* »

Que doit-on entendre par frais de culte ? Le mot culte est le terme général appliqué dans le langage administratif et judiciaire aux matières religieuses. Mais il a, dans le langage religieux et même dans le langage courant une signification plus restreinte, il n'est

---

(1) Dans la suite de cette étude, l'expression « *dépenses obligatoires* » signifiera uniquement celles que le Conseil municipal, saisi d'une demande de subvention ne peut pas discuter.

qu'une partie de la religion, il en montre les symboles extérieurs. Les actes qu'il comprend peuvent avoir aux yeux des fidèles la plus grande valeur; mais ils ne sont que l'aboutissement des principes religieux professés et enseignés par l'église. Ils peuvent être accomplis ailleurs que dans les temples. Il faut y préparer, y amener les fidèles. Il faudrait donc définir le culte, non-seulement : l'ensemble des cérémonies liturgiques ; mais tous les actes religieux et ceux qui sont nécessaires à leur préparation ou à leur exécution. L'appréciation du caractère de ces actes et de ceux qui sont nécessaires à leur accomplissement, peut donner lieu à des difficultés ; mais une loyauté mutuelle, une interprétation large de ce mot les fera aisément surmonter.

L'instruction religieuse rentrera nécessairement dans ce cadre. Et par instruction religieuse, il faut entendre non-seulement : celle des catéchumènes ; mais celle des candidats aux fonctions de pasteur, etc., etc. Cet exemple n'est cité qu'en vue des dépenses obligatoires. Il est évident que les dépenses en vue d'intérêts religieux, qu'elles soient placées sous la rubrique « frais de culte » ou sous celle du dernier aliéna (n° 11), sont facultatives dans la plus large mesure pour les Conseils presbytéraux, assez heureux pour n'avoir pas recours aux Conseils municipaux , à moins qu'ils ne sortissent manifestement de leurs attributions, par exemple, en formant une entreprise commerciale, ou en prenant part aux actes de la politique.

. . . .

6° « *Le traitement du comptable....* » Voir l'art. 23.

. . . .

8° « *Les suppléments* **éventuels** *de traitements à accorder aux pasteurs titulaires ou auxiliaires sur les* **fonds disponibles**.

Le Conseil presbytéral peut donc augmenter, à son gré, le traitement des pasteurs titulaires ou auxiliaires, pourvu que la dépense n'en soit prise que sur les *fonds disponibles*. En d'autres termes, ces suppléments de traitement ne pourront être accordés que : 1° si les ressources du budget ordinaire suffisent à l'acquittement de toutes les dépenses mentionnées aux autres alinéas et 2° s'il existe en caisse des fonds *disponibles*, d'où la conséquence que ces suppléments de traitement ne sauraient être compris dans le budget d'un Conseil presbytéral qui demanderait au Conseil municipal de lui allouer, aux termes de l'article 136 de la loi du 5 avril 1884, les indemnités prévues au § 10 de notre article.

De cette exception on peut conclure que toutes les autres dépenses énumérées à l'art. 4, ont un caractère obligatoire. (V. note ci-dessus, page 37).

. . . . § 11 « Toutes autres dépenses annuelles et permanentes. »

C'est un article spécial formant la contre-partie du dernier alinéa de l'art. 2 (recettes) (1).

Ne pourra-t-il pas se trouver parmi les dépenses comprises dans cet alinéa, des dépenses d'une nature telle qu'elles puissent revêtir un caractère *obligatoire* de telle sorte que leur inscription au budget ne puisse pas donner lieu à un refus par le Conseil municipal, auquel une subvention serait demandée pour les dépenses du § 10.

Nulle part, dans le décret, on n'a fait textuellement la distinction entre les dépenses obligatoires et celles qui ne le sont pas. Nous l'avons établie nous même, à

---

(1) Les réflexions présentées sur l'art. 2, peuvent s'appliquer à cet alinéa. On pourra s'y référer en grande partie.

propos du § 8 (suppléments de traitement) en estimant que cet alinéa créait, dans l'esprit du décret, la seule exception au caractère obligatoire des autres dépenses spécifiées dans l'art. 4. Mais il ne faudrait pas conclure nécessairement qu'il n'y ait d'obligatoires que les dépenses expressément désignées dans cet article. Sans doute ce sera le cas ordinaire ; mais il pourrait se rencontrer des circonstances où il existerait pour telle ou telle paroisse des dépenses obligatoires autres que celles énumérées dans notre article, et si le cas se présentait, le Conseil presbytéral serait fondé à les inscrire à son budget avec ce caractère.

Le décret ne s'explique pas sur les dépenses imprévues. Un budget bien ordonné doit inscrire un article pour cet objet. Aux termes de l'art. 147 de la loi du 5 avril 1884, les Conseils municipaux peuvent voter un crédit pour cet objet. On doit, par analogie étendre cette faculté aux Conseils presbytéraux, qui comprendraient le crédit dans ceux prévus par le § 11. Mais cet article ne pourra avoir de caractère obligatoire que dans des limites que la pratique pourra seule déterminer. Dans le cas ou le Conseil presbytéral ne demanderait aucune subvention, le vote de cet article serait régulier.

En terminant ces observations sur l'établissement du budget, il est bon de faire remarquer que l'on pourra, toujours, réparer dans une certaine mesure les omissions ou les erreurs du budget primitif, par le vote de chapitres additionnels.

Art. 5

« *Le nombre des pasteurs auxiliaires est fixé, pour* « *chaque paroisse, où il est nécessaire d'en instituer* « *par arrêté du Ministre des cultes,*

« *Les traitements des pasteurs auxiliaires ne peu-*
« *vent excéder.....*

Cet article paraîtrait illégal, au moins dans la forme, si on ne le rapprochait du § 8 de l'art. 4.

Les deux dispositions ainsi rapprochées peuvent se traduire ainsi : Le Conseil presbytéral ne pourra obtenir des subsides du Conseil municipal dans le cas de l'art. 136 de la loi du 5 avril 1884, qu'à la condition que le nombre des pasteurs auxiliaires ne dépasse pas celui fixé par le Ministre des cultes et que leur traitement ne dépasse pas celui fixé par l'art 5. C'est la seule manière d'interprêter une disposition qui dépasse les limites tracées par la loi du 26 janvier 1892. Celle-ci n'a statué que sur la comptabilité. Créer une recette, imposer une dépense, les réduire ou les augmenter par un décret auquel la loi qui l'a provoqué assignait un objet plus restreint est contraire aux principes du droit administratif.

Art. 7.

« *Le budget de chaque Conseil presbytéral est proposé par le président, voté par le Conseil et approuvé par le Consistoire.*

Cette disposition constitue un progrès. Il est bon de rapprocher le justiciable du juge.

L'approbation du budget par le consistoire est nécessaire et suffisante.

S'il approuve, pas de difficultés. Le budget entre immédiatement en exercice et l'ordonnateur et le comptable procèdent valablement, chacun en ce qui le concerne, aux opérations dont ils ont la charge.

Mais qu'arriverait-il si le Consistoire refusait son approbation ? Le budget ne pourrait alors entrer en exercice et l'on se trouverait dans le cas de l'art. 9

(V. ci-dessous), obligé de procéder en vertu du budget précédent. Ce cas n'offrira donc qu'une difficulté relative lorsque le nouveau système de comptabilité créé par le décret, sera appliqué depuis plusieurs années? Mais que décider, si le *premier* budget présenté en vertu du décret du 27 mars 1893, n'était pas approuvé. Il n'y a d'autre solution que celle offerte par l'art. 9 déjà cité. Il faudrait que recettes et dépenses fussent effectuées en vertu du précédent budget qui, étant établi en vertu d'autres règles que celles qui vont entrer en vigueur, pourrait, nonobstant les approbations antérieures, contenir des dispositions en contradiction avec les règles qui devront être suivies désormais.

Si bizarre que paraisse la situation qui serait ainsi créée, je ne vois pas d'autre solution que celle que j'indique. Le décret ne désigne pas d'autre autorité que celle du Consistoire, pour approuver le budget des Conseils presbytéraux et il n'y a pas de recours contre sa décision. D'ailleurs, quelle que fut la juridiction désignée pour cette approbation, comme on peut prévoir de sa part, aussi bien que de celle du Consistoire, une décision aboutissant aux mêmes difficultés, la solution resterait la même que celle qui vient d'être indiquée. L'hypothèse, qui vient d'être examinée, est d'ailleurs fort improbable ; mais, traitant le sujet au point de vue juridique, on a dû examiner les cas non-seulement probables, mais théoriquement possibles.

Est-il nécessaire d'ajouter que les budgets ne sont pas approuvés en bloc ; mais, articles par articles. Si donc, hypothèse qui peut plus facilement se présenter, le Consistoire refusait son approbation à tel ou tel article de recette ou de dépense, le comptable du Conseil pourrait percevoir ou payer sur tous les autres articles.

L'approbation du Consistoire pourrait-elle couvrir les illégalités ou les irrégularités du budget voté par le Conseil presbytéral, telles qu'un impôt établi sur les membres de l'église, — des recettes supérieures aux revenus, — des dépenses supérieures aux recettes ? Evidemment non. Et cette sanction donnée à des dispositions illégales ou irrégulières se heurterait dans la pratique à des obstacles matériels ou légaux qui en seraient la seule mais efficace condamnation.

Prenons en effet le cas le plus invraisemblable, celui d'une perception illégale. Ni les Conseils presbytéraux, ni les Consistoires ne sont armés, et c'est justice, des moyens d'action de l'Etat pour ses perceptions. Les seules voies légales d'exécution qui leur soient ouvertes, sont celles du droit commun, et s'ils s'avisaient de tenter de contraindre leurs prétendus débiteurs au paiement d'une taxe illégale, les décisions des tribunaux ordinaires les ramènerait promptement au respect de la légalité.

Il pourrait se faire cependant que par irréflexion ou ignorance des formes, tel article de recette fut voté et approuvé qui, sans présenter aussi nettement les caractères d'une illégalité manifeste, se rattachât en apparence à l'hypothèse invraisemblable qui vient d'être examinée. Ce serait le cas, par exemple d'une taxe volontaire, mal formulée dans le budget. Il faudrait y voir alors une offrande, un don, dont la perception parfaitement légale, ne rencontrerait d'ailleurs aucune difficulté pratique, puisque cette perception purement volontaire, ne pourrait donner lieu à aucune contrainte par les voies judiciaires.

Quel serait le devoir du comptable en pareilles circonstances ?

En principe, il n'est que l'exécuteur des volontés du

Conseil presbytéral et le vote du Conseil presbytéral, l'approbation du Consistoire, et l'ordonnancement de l'ordonnateur lui suffisent et le couvrent. Si, couvert par cette triple autorité, il tente de percevoir une taxe illégale ou irrégulièrement formulée, où 1° il sera arrêté par les obstacles matériels et légaux que nous venons de montrer, où 2° il se trouvera en présence d'un acquittement volontaire qui prendra le caractère d'un don ou d'une offrande.

Pourra-t-il, du moins, dans le premier cas, se retranchant devant l'illégalité manifeste de la disposition du budget, se refuser à recourir à tout moyen de contrainte !

Rappelons, qu'une fois le budget étant en cours d'exercice le comptable n'a plus à prendre l'avis du Conseil presbytéral ; qu'en fin d'exercice, son compte de gestion est bien soumis à l'approbation du Conseil presbytéral ; mais que ce n'est pas ce corps qui est le juge définitif des actes du comptable ; ce jugement appartient, soit au Conseil de préfecture, soit à la Cour des Comptes. Or il ne peut être douteux que ces juridictions n'hésiteraient pas à approuver la conduite du comptable en présence d'une illégalité *manifeste*. Peu importerait, à notre sens, que le Conseil presbytéral et le Consistoire n'eussent pas accordé les approbations mentionnées à l'art. 32 du décret. Nulle autorité ne pouvant y suppléer ; il suffira que le comptable justifie qu'il les a demandées.

Mais il faut que le refus du comptable soit fondé sur une illégalité *manifeste*. Aussi, dans les cas douteux, conviendra-t-il qu'il tente de percevoir les sommes votées.

Si elles sont volontairement payées quoique étant ou paraissant illégalement portées au budget, le comptable sera couvert. Tout au plus le juge des comptes pourrait-il lui enjoindre, ou de porter ces recettes à l'article « dons », ou de restituer les sommes à ceux qui les ont versées. D'une manière générale, il n'y a pas d'ailleurs grand inconvénient pour un comptable à trop recevoir ; mais à trop payer.

Si le budget approuvé, portait des recettes supérieures aux revenus, le comptable devrait opérer, le recouvrement des revenus réels, sauf à constater le déficit en fin d'exercice.

Que si les dépenses votées sont supérieures aux recettes le comptable cesse de payer, au moment ou sa caisse est vide.

On ne saurait pousser dans ce sens au delà de ces exemples l'étude des difficultés que peut rencontrer la mise en œuvre du budget, sans entrer dans l'examen détaillé du rôle du comptable. Celui-ci sera l'objet d'instructions spéciales et les différences déjà établies par le décret, entre les receveurs ordinaires et ceux des Conseils presbytéraux, font déjà prévoir que les mêmes règles ne leur seront pas applicables. Il convient donc d'attendre les instructions annoncées avant d'entrer plus avant dans un sujet, qui n'aura tout son intérêt qu'à partir du 1er janvier 1894.

§ 2. *Les crédits reconnus nécessaires après l'établissement du budget sont votés et autorisés dans la même forme.*

Ces crédits nouveaux sont, le plus souvent rendus nécessaires par des dépenses imprévues. L'Assemblée vote alors, en même temps et les dépenses et les recettes ou crédits. Il peut se faire aussi que les recettes subissant une diminution, sans que les dépenses aient augmenté, le Conseil n'ait à voter que des crédits ; comme aussi il pourrait n'avoir à voter que des dépenses nouvelles, si les recettes votées dès le début, suffisaient à les payer. Ces divers votes constituent le budget ou chapitres additionnels visés dans l'art. 8.

Il est deux cas où l'approbation du budget n'est soumis à aucune approbation d'une autorité supérieure.

1° Celui où une circonscription Consistoriale ne comprend qu'une seule paroisse. On sait qu'alors le Consistoire et le Conseil presbytéral sont confondus en une seule assemblée ;

2° Le cas de l'art. 34 de notre décret, gestion par les Consistoires des biens indivis entre des Conseils presbytéraux différents, art. 8, 9, 5.

(V. les explications préliminaires).

Art. 11.

« *Le Président du Conseil presbytéral est ordonnateur des dépenses* ».

Ce texte ne prévoit pas le cas où le Président du Conseil presbytéral ne pourrait pas remplir ses fonctions ; mais il est évident qu'en cas d'empêchement temporaire, il pourra être suppléé dans ses fonctions d'ordonnateur, comme il le serait dans ses fonctions de Président.

Si, pour une raison quelconque, le pasteur apte à exercer les fonctions de Président du Conseil presbytéral se trouve incapable de remplir celles d'ordonnateur, on doit, par analogie avec ce qui a lieu en matière municipale, décider qu'il peut déléguer un remplaçant, comme un Maire peut déléguer un adjoint. Le décret ne prévoit cette faculté de déléguer que pour les cas des art. 14 et 15. On doit retenir la faculté édictée par ces articles, non comme une exception ; mais comme un exemple : 1° parce que la nature des choses impose la nécessité éventuelle de cette délégation ;

2° parce que la possibilité de la délégation est la règle générale, dans les cas où la loi n'en a pas, soit expressément, soit implicitement, interdit l'usage.

Les articles qui vont suivre ont établi les innovations les plus importantes et les plus difficiles à appliquer du décret.

Tout en soumettant les comptables des Conseils presbytéraux aux règles qui régissent les comptables des autres établissements publics, le décret a édicté, avec un esprit de bienveillance qu'il est juste de signaler, des exceptions assez nombreuses aux règles générales en matière de comptabilité publique.

Ainsi, par exception aux principes d'administration financière rappelés dans les explications préliminaires, l'ordonnateur, peut effectuer lui-même sous certaines conditions, parfois difficiles à réaliser il est vrai, certains encaissements et certains paiements.

Les comptables choisis par le Conseil presbytéral, peuvent exercer une profession.

Il est à craindre pourtant que grand nombre de ces prescriptions soient inexécutables. J'ai surtout en vue les petites paroisses, où les protestants, sont peu nombreux, peu fortunés, parfois peu instruits ; le budget propre du Conseil presbytéral insignifiant.

Qui voudra et pourra se charger des fonctions de comptable et des responsabilités qu'elles entraînent ?

Un receveur spécial. Mais il lui est interdit de gérer pour les Conseils presbytéraux non compris dans le même canton et de percevoir pour ses émoluments au delà de ce que toucherait un percepteur, qui lui, a d'autres ressources.

On peut donc être obligé d'avoir recours au percepteur. Mais 1° cet agent déjà chargé d'autres services, ne sera que d'une façon intermittente à la disposition du Conseil presbytéral ; 2° Il a droit à un paiement *obligatoire* pour le Conseil presbytéral.

On va donc grever des charges les plus lourdes les paroisses les plus pauvres.

Il est fâcheux que le désir d'uniformité si cher à l'esprit français ait imposé aux petites paroisses les mêmes obligations que les grandes auront tant de peine à remplir.

L'une des dispositions du décret suffit à faire la preuve de ces difficultés.

L'article 38 fait prévoir en effet de nouveaux règlements pour la *forme des budgets et des comptes* et décide que *provisoirement*, la nomenclature des pièces justificatives imposées aux comptables des établissements municipaux ou de bienfaisance sera applicable à la comptabilité des Conseils presbytéraux.

Comment veut-on que des Conseils presbytéraux, que des comptables même puissent agir régulièrement, quand l'administration, certainement plus compétente qu'eux, en matière financière, n'a pas encore élaboré les règles qui doivent définitivement les guider.

Les erreurs me paraissent inévitables.

Mais, la législation administrative offre ce précieux avantage, qu'elle peut aisément et rapidement se réformer elle-même.

Parmi les réformes, qui sont à souhaiter dans les dispositions du décret et que la pratique à défaut de la critique, amènera certainement, la plus impérieuse, la plus urgente, est celle qui concerne l'administration des petites paroisses. Je tiens pour impossible qu'elles soient soumises au même régime que les grandes.

Malgré notre ardeur pour l'uniformité, les exemples

ne manquent pas dans la législation française, de différences de règles, basées uniquement sur le chiffre de la population, ou le rendement des impôts, et le décret lui-même, va nous fournir, dans les dispositions qui suivront, la preuve que l'uniformité n'est pas inflexible.

Ne pourrait-on établir un régime différent et pratique pour les petites paroisses ; décider, par exemple que, au-dessous d'un certain chiffre de population ou de revenus, elles opèreront comme par le passé, sous l'autorité et la responsabilité du Consistoire et, cela va de soi, sous le contrôle de l'Administration des finances.

Art. 12.

« *Les recettes et les dépenses s'effectuent par un* « *comptable chargé seul et sous sa responsabilité de* « *faire toutes les diligences pour assurer la rentrée* « *des revenus et des créances, ainsi que d'acquitter les* « *dépenses mandatées par le Président jusqu'à con-* « *currence des crédits régulièrement ouverts.* »

Le décret établit trois catégories de comptables : 1° les trésoriers, choisis par le Conseil presbytéral parmi ses membres ; 2° les receveurs spéciaux choisis par lui hors de son sein ; 3° les percepteurs choisis par lui ou imposés d'office par la loi. Sauf les différences mentionnées aux articles suivants, les uns et les autres sont soumis aux mêmes règles et notamment à celles de l'art. 12.

Les explications préliminaires, ont donné sur le rôle du comptable, des notions suffisantes pour le moment. Nous avons touché et nous toucherons à quelques-unes des difficultés qu'ils pourront rencontrer. Nous les avons exagérées plutôt qu'atténuées. Elles naîtront moins de leur inexpérience que de celle des Conseils presbytéraux et de circonstances sur lesquelles ils n'auront aucune action. Mais leur responsabilité effective est moins étendue qu'elle ne paraît au premier aspect. Il faut même espérer que les instructions annoncées par la circulaire en diminueront encore l'étendue.

ART. 13.

« *Les comptables des derniers des Conseils presbytéraux sont soumis aux mêmes obligations que les comptables des deniers des hospices et bureaux de bienfaisance. Les dispositions des lois, décrets et ordonnances concernant les obligations de ces receveurs et les responsabilités qui s'y rattachent, en particulier celles de l'arrêté consulaire du 19 vendémiaire an XII, relatives au recouvrement des revenus et à la conservation des droits sont applicables aux comptables des Conseils presbytéraux, sous la réserve des modifications résultant du présent décret.* »

Je ne pense pas qu'il soit utile de colliger tous les textes qui peuvent, de près ou de loin s'appliquer aux comptables. On risquerait d'en omettre ou d'en citer de superflus. En général l'administration a soin de résumer ceux qui lui paraissent applicables, dans des instructions. Les comptables n'auront qu'à s'y conformer. On a cité en tête de cette étude les textes qui ne sont pas mentionnés dans l'excellent recueil de M. A. Lodds. (*La législation des cultes protestants*), ou parce qu'ils n'existaient pas, ou parce qu'il n'y avait pas lieu d'en faire application. Ils ont paru suffisants pour l'intelligence et l'application du décret que nous examinons.

ART. 14.

« § I. *Les offrandes pour frais de culte peuvent être reçues par le Pasteur ou son délégué.....* »

Dérogation au principe de la séparation des fonctions de comptable et d'ordonnateur, et favorable aux Conseils presbytéraux.

« A charge de versement au comptable......... tous les mois ».

Il est clair que cette condition ne pourra être exécutée que s'il y a des offrandes mensuelles. — Il suffira à mon sens, que l'état dont il est parlé à la fin de l'article, soit dressé et que le versement soit effectué dans le mois qui suivra la réception des offrandes par le Pasteur.

Que si un état mensuel était exigé, le Pasteur constaterait que les offrandes ont produit : *néant* : § 2 et 3, v. art. 2. § 3 et 4.

Art. 15.

« *Le Pasteur ou son délégué peut être chargé...... de payer, au moyen d'avances mises à sa disposition.............. les menues dépenses de la célébration du culte.* »..... *Le Pasteur peut être chargé de payer sur émargements les traitements des pasteurs auxiliaires..... etc., etc.*

Nouvelle exception faite dans le même esprit d'équité au principe de la séparation des fonctions de comptable et d'ordonnateur.

Il est impossible de s'expliquer sur les menues dépenses de l'administration des cultes, avant l'apparition du règlement annoncée par l'art. 38.

Il serait à souhaiter, que tout en réservant sa liberté d'action, l'administration consultât les Consistoires. — Les usages et les nécessités varient, d'une paroisse à l'autre. L'administration n'a pas toujours paru en être exactement informée.

Le paiement sur émargements est considéré et est,

le plus souvent, en effet, une facilité accordée à la fois à l'ordonnateur, au comptable et aux parties prenantes. Mais si des circonstances particulières faisaient préférer le paiement par mandats individuels, nul doute qu'on ne puisse en user. « Le Pasteur *peut...* » dit le texte, il n'y a donc pas obligation.

Art. 16.

§ 2. « *A défaut de trésorier et de receveur spécial les fonctions de comptables sont remplies par le percepteur.....* ... »

Les inconvénients de cette mesure ont été et seront signalés. Mais il fallait bien prévoir le cas où un Conseil presbytéral ne pourrait ou ne voudrait pas user de la faculté qui lui est laissée par le décret de choisir lui-même son comptable. On aurait pu élargir cette faculté : 1° en permettant à un même comptable de gérer les fonds des Conseils presbytéraux situés dans des cantons différents ; 2° en ne limitant pas d'une façon aussi étroite ses émoluments éventuels.

§ 3. « *Lorsque les fonctions de comptable de* « *Conseil presbytéral sont remplies par un per-* « *cepteur, sa gestion est placée sous la surveillance* « *et la responsabilité du receveur des finances de* « *l'arrondissement.* »

Il résulte de cette disposition que le Conseil presbytéral est, à l'égard du percepteur, privé du droit de surveillance permanente qui lui est donné sur les comptables par l'art. 22. Le contrôle final sur la gestion du percepteur aussi bien que sur celle des autres comptables, lui reste assuré par l'art. 32. Mais le décret, en plaçant sous la surveillance et la responsabilité du receveur des finances, le percepteur comptable du

Conseil presbytéral, a créé pour ce corps, une gêne de plus.

Quelle que soit la bonne volonté du receveur des finances à l'égard du Conseil presbytéral, on comprend sans peine que chargé de la responsabilité il tienne à exercer une surveillance effective et il peut être dirigé, dans sa manière de comprendre le budget, par d'autres principes, d'autres manières de voir que les assemblées auxquelles seules le contrôle appartient en principe, aux termes du décret.

C'est une dérogation à ce principe, et, en même temps à la règle de l'uniformité dont le législateur paraît si préoccupé.

Pour éviter ces inconvénients, il suffisait de soumettre le percepteur à la même surveillance que les trésoriers ou receveurs spéciaux, suivant les dispositions du § 4 et dernier de notre article ainsi conçu :

§ 4. « *Dans tous les cas, les comptables des Conseils* « *presbytéraux sont soumis aux vérifications de* « *l'inspection générale des finances* ».

ART. 20

« *Lorsque les fonctions de comptable sont rem-* « *plies par un percepteur, les titres de recettes,* « *les budgets, chapitres additionnels et autorisa-* « *tions spéciales de dépenses lui sont transmis par* « *l'intermédiaire du Consistoire, du Préfet et du* « *receveur des finances.* »

Ainsi, pas de communication directe avec le comptable percepteur. Les pièces nécessaires ne lui parviennent qu'après trois transmissions successives. C'est au moins une perte de temps.

Le Conseil presbytéral doit-il, en outre, et dans tous les cas, communiquer son budget au Conseil municipal. La question peut naître des termes de l'art. 70 de la loi municipale du 5 avril 1884, ainsi conçu :

« *Le Conseil municipal est toujours appelé à*
« *donner son avis sur..... les budgets et les comp-*
« *tes.... des fabriques et autres administrations*
« *préposées aux actes dont les ministres sont sala-*
« *riés par l'Etat....* »

De ce que le Conseil municipal est *toujours* appelé à *donner son avis*, il ne s'ensuit pas nécessairement que la communication des budgets et comptes incombe au Conseil presbytéral. Une prétention contraire, de la part du Conseil municipal ou de l'administration supérieure ne serait fondée que si un texte de loi imposait cette communication au Conseil presbytéral. Ce texte n'existe pas, à notre connaissance et le décret est absolument muet sur ce point.

Or ce décret, postérieur à la loi municipale de 1884, n'ayant pas expressément maintenu cette disposition et ayant donné au Consistoire seul le pouvoir de contrôler et d'approuver ou désapprouver le budget, a implicitement abrogé une règle qui n'a plus sa raison d'être.

Il faut pourtant excepter le cas où le Conseil presbytéral se trouverait dans les conditions voulues pour obtenir un subside du Conseil municipal, et s'adresserait à lui, dans ce but. Il devrait alors faire parvenir son budget au Conseil municipal, par l'intermédiaire du Préfet. C'est ce qui résulte de la dernière mention portée au modèle de budget joint à la circulaire explicative du décret « Vu, à l'appui de la demande..... Le Préfet... ».

ART. 21.

« *Le comptable assiste à toutes les levées de troncs...*
« ... *Quand les fonctions de comptable sont remplies*
« *par un percepteur résidant hors de la commune où*
« *est situé le temple, les levées de troncs n'ont lieu que*
« *les jours de tournée de recettes de ce comptable...* »

C'est l'un des inconvénients de la remise des fonctions de comptable au percepteur. La pratique l'atténuera sans doute, mais sans faire disparaître une source de difficultés possibles.

Il résulte de la combinaison des termes de cet article avec ceux du § 2 de l'art. 14, que si les levées de troncs ne peuvent avoir lieu, quand le comptable est un percepteur résidant hors de la commune où est situé le temple, que les jours de tournée de recettes, le Conseil presbytéral n'est pas tenu de les faire opérer à chacun de ces jours, et reste toujours maître d'y procéder, aussi rarement et aussi fréquemment qu'il le jugera convenable, pourvu que les époques qu'il fixera pour cette opération coïncident avec celles que le décret indique.

ART. 22

« *La situation au 31 décembre et en fin de gestion*
« *des valeurs de caisse et de portefeuille des comp-*
« *tables des Conseils presbytéraux*, **lorsque les**
« **fonctions ne sont pas exercées par un percepteur**
« *est constatée par procès-verbal du Président du*
« *Conseil presbytéral.*

« *Le Conseil peut*, **à toute époque** *vérifier, la situation de caisse et de portefeuille* **du trésorier ou du receveur spécial.**

Le Président du Conseil presbytéral vérifie l'état de caisse et de portefeuille au 31 décembre. Cette vérification obligatoire est remplie pour les comptables percepteurs par le receveur des finances. Elle est indépendante de l'examen des comptes, en fin d'exercice par le Conseil presbytéral (V. art. 32) qui s'applique à tous les comptables sans distinction.

Le Conseil presbytéral possède en outre un droit de surveillance constant sur les comptables qu'il a choisis en dehors du percepteur.

On a montré sous l'art. 16, les inconvénients de l'ingérence légale dans les affaires du Conseil presbytéral, d'un fonctionnaire qui lui est étranger ; mais il faut insister encore sur cette dérogation au principe général que celui-là qui paie doit surveiller l'agent chargé de gérer ses intérêts. Bien qu'appartenant au ministère des finances, le percepteur délégué par l'administration aux fonctions de comptable du Conseil presbytéral n'en est pas moins, en ce qui concerne ces dernières fonctions, l'agent du Conseil presbytéral.

Qu'un agent détaché d'une autre administration où il conserve ses principales fonctions, soit soumis à la surveillance générale de celle-ci, en ce qui peut l'intéresser ; par exemple l'état de la caisse ; rien d'anormal ; mais cette surveillance n'était pas exclusive de celle du Conseil presbytéral, qui est la règle, et cette dernière aurait dû et pouvait, semble-t-il, être maintenue sans faire obstacle à la surveillance générale du receveur des finances. L'action du Conseil presbytéral n'aurait, sans doute pas pu s'exercer à l'égard du percepteur dans des conditions identiques à celles où elle s'exerce à l'égard des trésoriers et receveurs spéciaux : mais on pouvait tout en en restreignant les limites, lui assurer quelque moyen de s'exercer.

Art. 23.

« *Lorsque les fonctions de comptable du Conseil presbytéral sont remplies par un percepteur, cet agent a droit à..... sur les 1ers 5.000 fr. 4 o/o ; sur les 25.000 suivants 3 o/o ; sur les 70.000 suivants 1.50 o/o; sur les 100.000 suivants jusqu'à un million 0.66 o/o ; au delà de 1 million, 0.24 o/o.........*

§ 3.— Lorsque les fonctions de comptable sont confiées à un receveur spécial, les allocations que peut lui allouer le Conseil presbytéral ne sauraient être supérieures à celles auxquelles aurait droit un percepteur.

§ 4.— En cas de refus de mandatement des remises ou allocations.... il est statué par décision exécutoire du ministre des cultes.

On pourrait comparer le mode de rétribution à un impôt progressif à rebours, frappant plus durement en proportion de la diminution des ressources. Il était sans doute juste que le surcroît de travail donné aux percepteurs leur fût payé, mais ce surcroît de travail leur étant donné par l'Etat, n'était-ce pas à lui à le rémunérer ?

Les rémunérations ainsi réglées ayant un caractère obligatoire, ne pourront être critiquées pour le cas où le Conseil presbytéral se trouvera dans la nécessité de s'adresser au Conseil municipal pour demander des subsides, mais comme il ne peut le faire que pour *deux objets déterminés :* grosses réparations et indemnités de logement, si le Pasteur possède un logement, et si les édifices religieux sont en bon état, cette disposition du décret constituera une perte nette pour lui.

§ 3. — Voir pour la légalité de cette disposition, les observations qui précèdent sur l'article 4.

Le décret a évidemment voulu dire, que les allocations qu'il fixe ne pourront être dépassées que sur les fonds disponibles. Mais il ne l'a pas dit.

§ 4. — Armé de cette décision, le comptable se paiera légalement lui-même, sur les fonds du Conseil presbytéral qu'il a *seul* le droit de toucher.

ART. 24.

§ 1. — Les trésoriers des Conseils presbytéraux ne sont pas astreints au versement d'un cautionnement ;

§ 2. — Les receveurs spéciaux et les percepteurs receveurs sont astreints à fournir des cautionnements..... fixés à trois fois le montant des émoluments..... Le cautionnement du receveur spécial d'un Conseil presbytéral ne peut être inférieur à 100 fr.

§ 3. — Lorsqu'un percepteur remplit les fonctions de comptable.... il n'est astreint, à ce titre, à un supplément de cautionnement que si ce supplément.... dépasse 1.000 fr. Dans tous les cas, le cautionnement qu'un percepteur a versé au Trésor en qualité de comptable des deniers de l'Etat, des communes et des établissements de bienfaisance répond **subsidiairement** *de sa gestion des deniers des Conseils presbytéraux.*

Seuls, les trésoriers choisis par le Conseil presbytéral parmi ses membres, sont dispensés du cautionnement.

Quant aux receveurs spéciaux et aux percepteurs,

leurs situations présentent encore sur ce point des différences qu'il convient de signaler.

1° Le receveur spécial est toujours astreint à verser un cautionnement de 100 francs au minimum, or, comme sur les premiers 5.000 francs l'allocation est de 4 o/o et que le cautionnement est de trois fois l'allocation, soit de 12 0/o sur les premiers 5.000 francs de recettes, pour que le cautionnement s'élevât à 100 francs, il faudrait que les recettes dépassassent 800 francs.

Est-on certain qu'il n'y ait pas un grand nombre de Conseils presbytéraux dont les recettes n'atteignent pas ce chiffre ?

Le percepteur n'est pas astreint à cette obligation.

2° Le percepteur n'est soumis à l'obligation du cautionnement que si ses allocations dépassent 333 fr. Or, pour arriver à ce chiffre d'allocations, il faudrait que les recettes atteignissent 9.500 francs. Existe-t-il beaucoup des Conseils presbytéraux dont les recettes annuelles atteignent cette somme?

Les Conseils presbytéraux seront donc privés de toute garantie spéciale à l'égard du percepteur. Ils ne viendront sur le cautionnement versé par le percepteur pour la garantie de ses gestions normales, qu'après l'Etat, les communes et les établissements de bienfaisance.

Il est vrai que le receveur des finances est responsable en principe de la gestion de ses agents. Mais il peut en être déchargé suivant les cas, et ceux-ci ne sont pas déterminés par la loi d'une manière précise.

Il eût été équitable aussi, de ne pas imposer aux receveurs spéciaux des petites paroisses un minimum de cautionnement, qui peut être supérieur au chiffre résultant des recettes qu'ils seront chargés d'encaisser.

ART. 26.

« *L'hypothèque légale n'est inscrite sur les biens* « *des comptables... qu'en vertu de* **décisions spé-** « **ciales** *du juge de leurs comptes et seulement* « *dans les cas de gestions occultes, condamnations* « *à l'amende pour retards dans la présentation des* « *comptes, malversations, débets avoués ou résul-* « *tant du jugement des comptes* ».

Cette hypothèque est inscrite ... sous réserve du droit du juge des comptes de prononcer sur les demandes en réduction ou translation formées par ses justiciables.

Pour l'explication des mots gestions occultes, voir les notions préliminaires.

« Débets..... résultant du jugement des comptes ».

Notons qu'il n'est pas nécessaire, pour qu'un comptable soit en débet, qu'il ne représente pas toutes les sommes reçues, soit par du numéraire, en caisse ou des titres en portefeuille, il peut aussi être constitué en débet.

1° S'il a négligé d'encaisser les recettes portées au budget et mandatées régulièrement.

2° S'il a effectué des paiements d'une maniére irrégulière.

§ 2. — Le juge des comptes peut accorder des réductions ou translations. Il peut par la même voie, décharger le comptable qui aura satisfait aux injonctions prononcées par le jugement qui a motivé l'hypothèque.

On voit par les explications qui précèdent, que les Conseils presbytéraux ont intérêt à user de la faculté que le décret leur assure de confier la gestion de leurs deniers à un trésorier ou à un receveur spécial. — On a exposé, sans en rien atténuer et en les grossissant même, les charges et la responsabilité de ces fonctions. Elles pourraient refroidir le dévouement de ceux qui seraient sollicités d'accepter ou de conserver les fonctions gratuites de trésorier ou le zèle de ceux à qui la situation de receveur spécial pourrait être offerte.

Les inconvénients ne sont pas aussi graves pour eux, que peut le faire paraître à première vue, le tableau un peu sombre qui en a été tracé, et il convient de faire voir les choses sous leur vrai jour.

Les obligations des comptables choisis par les Conseils presbytéraux sont moins étroites que celles qui incombent aux percepteurs. Il est probable que les instructions annoncées seront animées du même esprit que le décret, et qu'on s'attachera à rendre leur tâche plus facile. N'en serait-il pas ainsi qu'il n'y aurait pas lieu pour eux de s'effrayer outre mesure des prescriptions multiples que les instructions en matière financière comportent. C'est le mérite et le vice de l'administration française, de ne rien vouloir laisser à l'initiative de ses agents, de vouloir tout prévoir et tout réglementer. De là une foule de dispositions fort claires en général, prises isolément, mais parfois contradictoires entre elles, toujours trop nombreuses, souvent difficiles et parfois impossibles à exécuter. Mais l'action administrative, qui ne va jamais sans quelque arbitraire, sait, en général, en user dans un grand esprit d'équité. Il est très rare, par exemple que les receveurs municipaux (presque tous percepteurs) se conforment toujours exactement à toutes les prescriptions qui régissent leurs services et cependant je ne sache pas, qu'un receveur municipal de bonne foi ait jamais été sérieusement inquiété. Il ne faudrait donc pas, qu'effrayés, à première vue, des difficultés nouvelles qu'ils vont rencontrer dans leur tâche, les citoyens dévoués qui ont assumé jusqu'aujourd'hui les ennuis de la gestion des fonds des Conseils presbytéraux, se dérobassent trop hâtivement à la situation nouvelle que le décret va leur créer. Qu'ils essaient tout au moins, sauf à se retirer, si la tâche leur paraissait impossible. Il est probable que cet essai fera disparaître leurs craintes.

Art. 27.

« *Les fonds libres des Conseil presbytéraux sont versés en compte courant au Trésor public et ils sont productifs d'intérêts dans les mêmes conditions que les fonds des établissements de bienfaisance.*

Fonds libres.— Ceux qui n'ont pas reçu d'emploi dans l'exercice budgétaire, soit en dépenses, soit en acquisitions d'immeubles etc. etc., régulièrement autorisées. C'est seulement en fin d'exercice que le comptable devra les verser en compte-courant, à moins qu'ils ne soient repris dans le vote du budget, qui doit suivre d'aussi près que possible l'approbation du compte, et portés au chapitre des recettes comme excédent de l'exercice qui vient de finir en même temps que les restes à recouvrer du même exercice.

Il ne faudrait pas cependant que, en reportant perpétuellement des excédents de recette d'un budget à l'autre, on crut pouvoir se soustraire à la règle édictée par notre article, et conserver entre les mains du comptable des sommes hors de proportion avec les nécessités budgétaires normales. Il est sans doute impossible de tracer une limite précise, entre les fonds non employés qui peuvent être repris au budget suivant comme excédent de recettes, et ceux que leur quotité doit faire considérer comme des *fonds libres* proprement dits à verser au Trésor public. C'est une question de mesure. On pourrait cependant prendre pour base la règle suivante : Pourront être repris comme excédent de recettes les fonds qui, ajoutés aux recettes du budget, n'en modifieraient pas sensiblement l'équilibre. — Les sommes au contraire, dont le chiffre serait tel, qu'il ne serait pas possible d'en prévoir normalement l'emploi dans le futur exercice, devraient être considérées comme des *fonds libres* à verser au Trésor.

Il est superflu de faire remarquer que les *fonds libres* pourront être consolidés, avec l'autorisation du gouvernement, par des placements en immeubles, rentes sur l'Etat, etc., etc,

Une dernière observation sur cet article, pour répondre à certaines préoccupations que nous avons entendu manifester. La vérification de la caisse au 31 décembre et en fin de gestion par le Président du Conseil presbytéral est indépendante de l'examen des comptes par le Conseil presbytéral. Ce n'est donc qu'à partir de l'examen fait par ce corps des comptes de l'ordonnateur et du comptable, et non à partir de la vérification faite par son président que l'existence de fonds libres pourra être constatée. Comme le vote du budget suivra immédiatement, l'existence de fonds non employés, n'aura duré qu'un instant de raison. Pour que des fonds ne soient plus libres, il n'est pas nécessaire, en effet, que leur emploi ait eu lieu, il suffit qu'il soit légalement prévu.

Art. 28.

Les deniers des Conseils presbytéraux sont **insaisissables**, *et aucune* **opposition** *ne peut être*

pratiquée par leurs créanciers sur les sommes dues à ces établissements, sauf aux créanciers **porteurs de titres exécutoires,** *à défaut de décision du Consistoire de nature à leur assurer paiement, à se pourvoir devant le Ministre des cultes à fin d'inscription d'office.*

C'est une double dérogation au droit commun que le décret établit en faveur du Conseil presbytéral. La légalité pourrait en être contestée par les intéressés.

Il ne faudrait pas croire que les Conseils presbytéraux seront à l'abri des poursuites des créanciers. Ceux-ci continueront à pouvoir exercer leurs droits devant tous les Tribunaux ; mais une fois nantis des jugements ou des actes qui assurent leurs droits, ils ne pourront exercer ceux-ci, ni par voie de saisie-exécution, ni par voie de saisie-arrêt.

Ces dispositions constituant des dérogations au droit commun, doivent être interprétées dans un sens étroit.

Toutes les autres voies d'exécution qui ne sont pas interdites aux créanciers par cet article, leur restent donc ouvertes.

Les créanciers ont en outre la ressource de l'inscription d'office au budget par décision ministérielle ; mais il faut pour que cette décision intervienne : 1° que le créancier possède un titre exécutoire ; c'est-à-dire, un jugement ou un acte authentique qui lui donnerait, d'après le droit civil, la faculté d'agir contre le Conseil presbytéral, par tous les moyens de procédure prévus par la loi, et dont notre article lui enlève quelques uns : saisie-exécution, saisie-arrêt... ; 2° que, en cas de résistance du Consistoire, le budget ait été réglé par un décret en Conseil d'Etat. Notons en passant que c'est le *seul* cas prévu par le décret, où le budget puisse être réglé par une autorité autre que le Consistoire.

ART. 30.

Le Président assisté du comptable fait dresser et tenir à jour inventaire des titres, registres et documents **relatifs aux biens** *du Conseil presbytéral.....*

Le Président fait aussi dresser..... un inventaire détaillé des objets mobiliers garnissant les lieux de culte ou qui y sont déposés.

§ 1. Les papiers et documents etc... qui ne sont pas *relatifs aux biens* ne doivent pas être inventoriés.

§ 2. Tous les objets mobiliers, de quelque nature qu'ils soient, déposés ailleurs que dans les lieux de culte ne doivent pas, non plus, être inventoriés.

DES COMPTES

(Art. 31, V. les notions préliminaires).

ART. 32.

§ 1. — *Le Conseil presbytéral délibère, avant le vote du budget, sur les comptes de l'ordonnateur et du comptable........*

. . . .

§ 3. — *L'approbation par le Conseil presbytéral du compte de l'ordonnateur est accompagnée de la déclaration de cette assemblée qu'il n'existe aucune recette du Conseil presbytéral, autre que celles mentionnées au compte.*

§ 4. — *Le compte de l'ordonnateur est définitivement approuvé par le Consistoire.*

L'approbation des comptes de l'exercice qui prend fin doit précéder le vote du budget de l'exercice qui va

5

commencer. Aucun délai n'est imparti par la loi, entre ces deux opérations ; mais, par la nature des choses elles seront nécessairement très rapprochées. La première approbation des comptes n'aura lieu qu'après l'exercice 1894, c'est-à-dire au commencement de l'année 1895.

C'est à ce moment aussi que devrait être faite la déclaration prévue par le § 3 de notre article.

Cette disposition du décret n'est pas sans causer quelque surprise.

Il ne semble pas qu'une déclaration portant sur la constatation d'un fait positif ou négatif puisse être demandée à une réunion d'individus. Elle peut exprimer une opinion, voter une loi, rendre un jugement ; parce que, de par la volonté de ceux qui lui ont remis la faculté de statuer, il est convenu que ses décisions rendues à la majorité des voix seront la vérité. Par conséquent la vérité ne sera jamais altérée, puisque par le fait de la convention, la vérité est, non ce qui est ; mais ce qui est voté par une majorité réelle ou factice. En est-il de même pour une déclaration du genre de celle qui est demandée au Conseil presbytéral ? Supposons des recettes non portées au compte connues de quatorze membres sur vingt et ignorées de six. A la séance d'approbation des comptes, onze membres se trouvent présents parmi lesquels les six ignorants.

La déclaration étant nécessairement l'expression de la majorité sera fausse. Il n'y a pas lieu d'insister sur cette situation fâcheuse pour une assemblée respectable.

Cette déclaration paraît d'ailleurs devoir être presque toujours négative. En effet, en votant le budget, le Conseil presbytéral a dû y comprendre toutes les recettes qu'il connaissait. Or le comptable n'a pu porter à son compte que les recettes prévues au budget. A-t-il pu en survenir ou en être révélé de nouvelles en cours d'exercice ? Mais on aura dû les porter à un budget additionnel. En somme les circonstances où les Conseils presbytéraux auront à faire une déclaration contraire aux mentions du budget seront excessivement rares. Les mêmes principes qui les auront inspirés dans la préparation du budget, les guideront dans leur déclaration. Quant à la manière de comprendre la rédaction du budget, il y a lieu de se référer à ce qui a été dit sous les articles 2 et 4.

Quelle que soit la ligne de conduite adoptée sur ce point par le Conseil presbytéral, la responsabilité de l'ordonnateur, ni celle du comptable ne peuvent être engagées à aucun degré.

Si pour une raison quelconque, cette déclaration n'est pas faite, qu'adviendra-t-il ?

Le Consistoire devra-t il et pourra-t-il refuser d'approuver le compte de l'ordonnateur, comme il le peut en ce qui concerne le budget ?

Pour ces approbations l'autorité du Consistoire n'est limitée par aucun texte, et sur ce point spécial, comment pourrait-il refuser d'approuver le compte de l'ordonnateur, si, d'ailleurs, celui-ci est régulier. Ce que juge le Consistoire par l'approbation *définitive* du compte de l'ordonnateur, qui lui est attribuée, ce ne sont pas les actes du Conseil presbytéral, c'est seulement le compte de l'ordonnateur. — Voir le texte du dernier alinéa de notre article :

« Le compte de l'ordonnateur est définitivement approuvé par le Consistoire ».

Mais le juge de la gestion du comptable : Conseil de Préfecture ou Cour des Comptes, pourra-t-il apporter à la disposition qui est examinée, une sanction qui n'est pas écrite dans le décret ?

Il n'aura rien à reprocher au comptable qui est chargé uniquement d'exécuter le budget, lequel est devenu régulier par l'approbation du Consistoire, et dès lors, il ne pourrait refuser, semble-t-il, de les approuver.

Mais il peut se faire, que la production de cette déclaration soit exigée du comptable, en même temps que celle des autres pièces justificatives à l'appui de son compte de gestion. Le comptable n'ayant aucun moyen d'action pour se la procurer, il suffira à mon avis, qu'il justifie des démarches faites en vue de l'obtenir.

Des difficultés du même genre, se sont en effet quelquefois produites, en matière de comptabilité communale. Un état, un procès-verbal dressé par le Maire, étant prévus comme pièces justificatives, le comptable a effectué la recette ou la dépense, sans les avoir à sa disposition. Le Maire les lui a ensuite refusées. — Injonction du juge des comptes de les produire, sous peine d'être mis en débet.— Refus persistant du Maire.

La loi, dans ce cas, offre un moyen de vaincre sa résistance. Le Préfet peut, par lui-même ou par un délégué accomplir l'acte que la loi imposait au Maire, et telle signature au bas d'une pièce, tel certificat, tel état, peuvent être remplacés par un arrêté du Préfet.

Dans le cas qui nous occupe, il n'en peut être ainsi. On imagine difficilement, en effet, qu'une autorité quelconque puisse accomplir la formalité dont s'agit, et en second lieu, cette déclaration n'étant exigée qu'en fin d'exercice, le comptable a dû accomplir tous les actes de sa gestion, sans pouvoir l'exiger à l'avance, sans qu'il put prévoir si elle serait faite ou non.

Il ne faut donc voir dans cette disposition qu'une disposition, comme il s'en rencontre plus d'une dans nos lois, et restant sans sanction légale effective.

L'administration a voulu par cette mesure ajouter un supplément de lumière qu'elle exige légitimement sur la situation financière des Conseil presbytéraux.

Les Conseils presbytéraux devront donc suivant les circonstances, faire ou refuser la déclaration sus mentionnée, et pour laquelle aucune formule sacramentelle n'est exigée et l'administration en tirera telles conséquences qu'il échcrra.

Elle pourra se montrer plus ou moins généreuse ou bienveillante, retrécir ou élargir sa surveillance en matière financière. Ses droits, à mon avis, ne sauraient aller au delà.

Pour l'approbation du compte de l'ordonnateur par le Consistoire (V. art. 7).

ART. 33.

« *Les comptes des comptables des Conseils presbytéraux sont jugés et apurés par les Conseils de préfecture ou par la Cour des Comptes, selon les distinctions applicables aux comptes des établissements de bienfaisance.* »

§ 1er. — Les Conseils de préfecture sont compétents pour le jugement des comptes lorsque les revenus de l'établissement dont les comptes lui sont soumis ne dépassent pas 30.000 francs.

Au dessus de cette somme, le jugement des comptes passe à la Cour des Comptes.

Voir entre autres dispositions. Loi du 18 juillet 1837, article 66.

On peut appeler des décisions des Conseils de préfecture devant la Cour des Comptes. Celle-ci juge sans appel les comptes qui lui sont directement déférés, et ses arrêts rendus, soit en premier, soit en dernier ressort ne peuvent être attaqués que pour *violation des formes ou de la loi.*

Le pourvoi doit être porté devant le Conseil d'Etat, dans les trois mois à dater de la signification de l'arrêt. Le pourvoi n'est pas suspensif, c'est-à-dire que l'exécution de l'arrêt, peut être poursuivie nonobstant le pourvoi, et jusqu'à ce qu'il ait été statué à nouveau sur l'objet du pourvoi.

De l'administration par les Consistoires des biens indivis des Conseils presbytéraux.

ART. 36.

« Les Consistoires et les délégations.. ..... sont soumis aux dispositions du titre 1er du présent décret. »

Cette disposition ne présente aucune difficulté.

Faisons remarquer seulement que les budgets et les comptes de l'ordonnateur, n'auront pas à être approuvés, par une autorité supérieure, puisqu'ils seront préparés par l'autorité même qui était chargée d'approuver ceux des Conseils presbytéraux.

ART. 37.

« Le traitement des receveurs paroissiaux sont fixés s'il y a lieu par le Consistoire ».

Cet article n'impose aucune limite à ce traitement. (Voir l'article 10 de la loi du 1er août 1879).

TITRE IV.

ART. 38.

§ 1. — *La forme des budgets et des comptes des Conseils presbytéraux, la nomenclature des pièces à produire par les comptables, et, en général, les mesures d'exécution du présent décret seront déterminées par des règlements arrêtés de concert par les Ministres des cultes et des finances.*

Nouvelle preuve des difficultés pratiques que rencontreront les comptables pour l'exécution du présent décret.

§ 3. — *Il sera statué par une décision concertée des Ministres des cultes et des finances sur la fixation provisoire des cautionnements.*

Cette mesure était nécessaire puisque les cautionnements étant fixés d'après les revenus, on ne pourra connaître ceux-ci, qu'après l'exécution du 1er budget établi conformément aux règles du décret.

Art. 39.

« *Les dispositions du présent décret sont applicables*
« *aux budgets délibérés par les Conseils presbytéraux*
« *en 1893 et aux comptes rendus pour l'exécution de*
« *ces budgets*

C'est-à-dire au budget de 1894 à voter en 1893, et aux comptes qui en seront rendus en mars 1895.

Telles sont les principales dispositions du décret qu'il a paru utile d'examiner.

Un commentaire complet de cet important document eût exigé plus de temps que ne m'en laissait le terme que je m'étais fixé. J'ai voulu surtout étudier les mesures qui doivent être d'une application *prochaine*. L'examen des autres aurait été prématuré. Elles s'appliquent surtout aux fonctions de l'ordonnateur et du comptable, et l'on sait qu'à ce sujet des instructions et des décisions doivent intervenir, qu'il est nécessaire de connaître pour apprécier sainement les vues de l'administration.

J'ai pourtant pour divers articles traité les questions qui intéressent les comptables. Je l'ai fait, parce que si leurs fonctions ne doivent commencer qu'en 1894, les Conseils presbytéraux doivent se préoccuper dès maintenant de les choisir. Or l'appareil administratif est d'aspect un peu effrayant pour ceux qui ne l'ont pas approché. Il fallait en démonter quelques rouages pour en montrer le jeu à ceux qui l'ignorent, et s'en effraient outre mesure. Mais je n'ai voulu laisser ignorées des intéressés, aucune des difficultés que j'ai aperçues. Je les ai signalées et pour eux, et pour l'administration qui a en main le pouvoir de les diminuer d'abord, de les aplanir ensuite et cela sans toucher aux parties essentielles du décret.

On peut les résumer ainsi :

Liberté pour le vote du budget ;

Le Consistoire est seul juge du budget ;

Les Conseils de Préfecture ou la Cour des Comptes sont seuls juges des comptes ;

Le Conseil presbytéral choisit son comptable ;

Le comptable est soumis à la surveillance de l'administration des finances ;

Les fonds libres doivent être versés en compte courant au Trésor.

On voit que, si dans son ensemble le décret présente des avantages, en fixant d'une manière plus exacte les règles de la comptabilité, que si sa pensée inspiratrice est légitime, son mode de procéder bienveillant, il n'a pas évité l'écueil de toute réglementation nouvelle et détaillée ; il a créé pour les corps dont il a voulu protéger les finances, des difficultés sérieuses d'application, en ne tenant pas assez compte des différences de situation, au point de vue de la tradition, des finances, des exigences locales, et n'a pas réussi complètement parce que cela était impossible à réaliser, cette uniformité si chère à l'esprit français.

Heureusement la législation administrative possède une souplesse qui manque aux lois ordinaires. Elle se réforme facilement elle-même et il n'est pas interdit d'espérer que les critiques que peut soulever ce décret, seront entendues, les difficultés d'exécution aperçues et qu'un décret nouveau tout en maintenant intact le principe légitime du contrôle de l'Etat sur les finances des paroisses, saura en tenir compte.

En attendant la réforme espérée, il nous reste à souhaiter que le décret actuel soit exécuté par tous avec l'esprit de loyauté et de bonne volonté nécessaires, qui l'a inspiré.

Il nous reste peu de chose à dire sur la circulaire qui a suivi le décret.

Nous avons souligné les passages, qui nous paraissent devoir attirer l'attention.

Ses explications succinctes, sont, en général conformes à nos propres observations. Il est nécessaire qu'elles soient complétées par les instructions qu'elle annonce.

On remarquera également que la circulaire émet à propos de la location des chaises, une théorie contraire au texte formel du décret. Mais une circulaire n'est pas la loi, et nul doute que l'administration des cultes, ne saisisse la première occasion de revenir à une saine application du texte.

TABLE DES MATIÈRES

TABLE ALPHABÉTIQUE

Les chiffres romains indiquent les articles du décret; les chiffres arabes, les numéros des pages.

A

B

C

D

E

Nimes. — Typ. F. Chastanier, 12, Rue Pradier.

www.ingramcontent.com/pod-product-compliance
Ingram Content Group UK Ltd.
Pitfield, Milton Keynes, MK11 3LW, UK
UKHW021126260726
13994UKWH00002B/1000

9 782329 402390